JN033889

なるにはBOOKS
21

弁護士になるには

飯島一孝 著
日本弁護士連合会 協力

ぺりかん社

はじめに

弁護士というと、法廷で被告人を守るために検察官と闘っている姿や、家庭裁判所で調停委員らと離婚問題を協議している姿を思い浮かべる人が多いと思います。ところが、今では法廷だけではなく、企業や児童相談所、あるいは大学などで働いている弁護士が増えているのです。

日本弁護士連合会（日弁連）が毎年発行しているパンフレットには、「弁護士になろう!! ８人のチャレンジ」などのタイトルで、主に法廷以外で働く弁護士を取り上げているものがあります。たとえば、２０１９年3月発行号では、日本と東南アジアとのあいだで事業再生や日本からの投資を扱う弁護士、児童相談所で虐待を受けている子どもの相談を受けている弁護士、大学でラグビーに打ち込んだ経験を活かし、大学スポーツの改革に取り組んでいる弁護士、製菓会社でコラボ商品や共同研究開発品の契約を担当している弁護士など、さまざまな状況で仕事をしている弁護士を紹介しています。

このように、日弁連が弁護士の職務の多様化を紹介しているのも、企業や役所などで法律の専門知識を必要とする仕事が増えているからなのです。こうした動きを受けて、大規模法律事務所では、事務所の共同化や巨大化が進んでいます。アメリカやヨーロッパのような訴訟社会が、わが国でも広がりつつあるともいえます。

20年ほど前には、司法試験は最難関の資格試験といわれ、大学卒業後、何年もかかってようやく合格するという人が少なくありませんでした。ところが、司法試験の制度改革により、大学卒業後、法科大学院で所定の単位を取得して修了すれば、約3人に1人が合格できるようになってきました。そのため、新たな活躍をめざす弁護士がどんどん誕生しています。

弁護士は裁判官、検察官と違って公務員ではありません。ですから、報酬や給与は弁護士本人の働き方次第です。その一方、弁護士は基本的人権を擁護し、社会正義の実現を使命としています。それだけに社会的責任は重く、社会から信頼される存在でなければなりません。

本書の取材で現役の弁護士、十数人に話をうかがいましたが、頭脳明晰なだけでなく、話題が豊富で人格的にも立派な人が多いと実感しました。私が現役の記者だったころ、仕事で多くの弁護士にお会いしましたが、一筋縄ではとらえきれない、ユニークな人が多かった記憶があります。本書を読んで、みなさんが弁護士の仕事に関心をもち、さらにそのなかから、実際に弁護士になられる方が出てきたら最上の喜びです。

著者

弁護士になるには　目次

［3章］

なるにはコース

※本書に登場する方々の所属などは取材時のものです。

［装幀］図工室　［カバーイラスト］ハラアツシ　［本文写真］編集部

「なるにはBOOKS」を手に取ってくれたあなたへ

「働く」って、どういうことでしょうか?

「毎日、会社に行くこと」「お金を稼ぐこと」「生活のために我慢すること」。

どれも正解です。でも、それだけでしょうか? 「なるにはＢＯＯＫＳ」は、みなさんに「働く」ことの魅力を伝えるために１９７１年から刊行している職業紹介ガイドブックです。

各巻は３章で構成されています。

[1章] ドキュメント 今、この職業に就いている先輩が登場して、仕事にかける熱意や誇り、苦労したこと、楽しかったこと、自分の成長につながったエピソードなどを本音で語ります。

[2章] 仕事の世界 職業の成り立ちや社会での役割、必要な資格や技術、将来性などを紹介します。

[3章] なるにはコース なり方を具体的に解説します。適性や心構え、資格の取り方、進学先などを参考に、これからの自分の進路と照らし合わせてみてください。

この本を読み終わった時、あなたのこの職業へのイメージが変わっているかもしれません。

「やる気が湧いてきた」「自分には無理そうだ」「ほかの仕事についても調べてみよう」。

どの道を選ぶのも、あなたしだいです。「なるにはＢＯＯＫＳ」が、あなたの将来を照らす水先案内になることを祈っています。

1章

ドキュメント 市民の事件や紛争を法律で解決！

ドキュメント １ 民事事件を中心に活躍する弁護士

人権問題は重視していきたい

インテグラル法律事務所
兼川真紀さん

兼川さんの歩んだ道のり

１９６４年福岡県生まれ。早稲田大学法学部を卒業後、日本経済新聞社勤務を経て１９９３年10月、司法試験に合格。２年間の修習（48期）を終え１９９６年４月、弁護士登録。２０１２年、政策研究大学院大学修士課程（政策研究）を修了。２０１３年６月から日弁連事務次長、２０１６年４月から司法研修所弁護教官を務める。２０２１年４月、東京弁護士会副会長に就任。

新聞記者を経て司法試験へ

兼川真紀さんは、新聞記者を経て弁護士となった経歴の持ち主だ。勤務弁護士（法律事務所に就職して給料をもらいながら勤務し、アソシエイト弁護士とも呼ばれる）からスタートして4年後、修習期の近い弁護士と法律事務所を設立した。その後、司法修習時代に弁護教官だった弁護士との縁で、インテグラル法律事務所を共同で設立した。現在、16人の弁護士が所属している。

法律事務所には、主に2つのパターンがある。収支共同型といって所属する弁護士が収入も経費も共同で分担する場合と、経費共同型といって経費だけを分担する場合だ。インテグラル法律事務所は、後者である。所長は年長者が務め、法律事務所として対外的な契約などを結ぶさいの代表となっている。

まず最初に、日本経済新聞の記者を辞め、司法試験を受けた動機を聞いた。

「新聞社では産業部に配属され、主に企業を取材しました。記者の仕事はおもしろいけれど、人のやっていることを書くわけなので、次第にむなしいのではないかという疑問がたまってきました。手触り感みたいなものが欲しい気がして、勢いで記者を辞めてしまった感じですね」と、兼川さんはふり返る。

司法試験を受けたのは、日本経済新聞社を辞めた時、すでに新卒としては民間企業に就職できなかったので、資格をとったほうがいいと思ったからだという。司法試験予備校で勉強し、3回目の受験で合格した。

法曹三者のうち、弁護士をめざすことに決めた理由を聞くと、やはり仕事の手触り感への思いが強いことがわかった。

「司法研修所に入った当初は、積極的に行動していくイメージのある検察官もいいかなと思っていましたが、実際の被疑者の取り調べで調書の取り方が強引な印象があり、自分にはできないなと思ったんです。裁判修習では、物事を整理する仕事の現場を知り、そこは興味深いなと感じました。おもしろい人もたくさんいましたが、ずっと静かな中で仕事をしていて事件の当事者に直接話を聞く機会が少ないので、その意味であまり魅力を感じませんでした。弁護士は依頼者の横にいて、本人がうまく表現できない気持ちを言葉にする仕事だと感じました。私は、言葉は人間の尊厳にかかわると思っているので、その人の立場に寄り添って、その人の気持ちを翻訳していく仕事がしたいと思い、弁護士に決めました」

東京・麹町にあるインテグラル法律事務所

それぞれに得意分野をもつ数人の弁護士で設立

当事者にもっとも近い場所で仕事ができるという魅力を弁護士に感じたという。

地下鉄サリン事件の弁護人を共同で担当

兼川さんは、依頼者から頼まれれば民事事件でも刑事事件でも基本的には区別なく引き受けている。弁護士になって7年目に兼川さんが引き受けたのは、オウム真理教信者による一連の事件だった。このなかでも、地下鉄サリン事件では、1995年3月20日、東京の地下鉄車両に猛毒サリンが散布され計12人の死者と数千人の負傷者が出た。捜査の結果、一連の事件で合計189人が起訴された。

兼川さんは、サリン製造などの罪で起訴された被告人の弁護人を先輩弁護士と共同で担当した。

「一審の東京地裁の途中から、最後まで担当しました。記録が膨大で、読まなければいけないものが多く、関係者との接見にも気を使いました。東京拘置所に行き、被告人と接見して外に出ると、桜が満開だったんです。『やっぱり外はいいなあ、自由ほど価値のあるものはないなあ』と思いました」と、当時の印象を話していた。

兼川さんは、現在は刑事事件が減り、民事事件を担当することが多くなったという。

2013年には日本弁護士連合会（日弁連）の事務次長となった。事務次長は日弁連事務局を取り仕切る事務総長の補佐役である。当時は全体で6人いたが、このうち5人が弁護士のなかから選任されていた。

あきらめずに痛みを実証

続いて、これまでの仕事で印象に残っている民事事件について聞いた。歯科医院での治療ミスにかかわる事件だった。

10年ほど前、ある女性が歯科医院で人工の歯根（インプラント）を埋め込む治療を受けたところ、神経が傷つき痛みが止まらなくなった。その女性は治療した箇所が痛いうえに、その部分が痺れる、と兼川さんに相談に来た。歯科医はミスを認めたが解決案は提示されなかった。そのため東京地裁に損害賠償請求訴訟を提起した。

歯痛を理由に損害賠償を求めても、賠償金は1000万円には満たないのがこれまでの裁判例だった。兼川さんは「痛みがずっと続くというのは本人にとって大変なことだが、その痛みが過去の裁判では正しく評価されてこなかった」と考え、依頼者と相談して6000万円の賠償金を請求した。

インプラント手術で6000万円という請求額は裁判所も多いと思っていたようだ。

兼川さんは、依頼者の女性に痛みを実証してもらおうと考えた。痛みを客観的に表す物差しがないので、本人がどれだけ痛いか、どれだけ大変かを毎日、日記に綴ってもらうことにした。たとえば、うどんのような柔らかいものしか食べられなかったとか、夜、痛みで寝つけず、ようやく眠りについても目が覚めた、などである。さらに、本人にも裁判所の期日に出席してもらい、裁判官に直接、痛みを伝えるよう努めた。

そうした努力の積み重ねで、和解交渉ではこれまでの裁判例の金額からだんだんと数字が上がってきた。そのころ、裁判官から法律事務所に連日のように電話がかかってきて、とにかく和解してもらいたいなどと言われた。

依頼者からの問い合わせに対応

裁判のための書類作成

それでも兼川さんは依頼者の苦しみを慰謝するには足りないと考えて粘り強く相手方と交渉し、訴訟費用も含めた２１００万円で和解が成立した。

「和解成立までに約2年かかりましたが、痛みだけで２０００万円支払われた事件はめずらしいとも思います。日本では、痛いとか匂いがしないとか、味がしないといった感覚的なことに対する評価が低いんです。なんとか評価を変えようと、工夫してがんばったことが、こういう結果につながったのだと思います」と、兼川さんは満足そうだった。

兼川さんは最近、刑事事件をあまり担当していないが、「自慢じゃないけれど、刑事事件の無罪は2件あります」と話していた。

司法研修所で民事弁護の教官

兼川さんは２０１６年４月から司法研修所で弁護教官を務め、司法試験に合格して、法曹の道に進む司法修習生に民事弁護実務を教えた。

司法修習生は研修所に入って最初に実務的な基礎知識の講義を約１カ月間受ける。これを導入修習という。その後、弁護、民事・刑事の裁判、検察の分野別に２カ月ずつ、経験豊富な実務家から実際の事件の取り扱いを学ぶ。

弁護修習では、弁護士の指導により、法律相談や法律文書の書き方など実践的な修習を受ける。

司法修習生は弁護士とともに、まず依頼者本人から事実関係や損害の程度などを聞き取る。そして、その内容が法律のどの条項に当

判例集などにていねいにあたっていく

たるかを検討する。さらに、それをどうやって裁判で主張し、説得力のある書面にするのかを考えていく。

たとえば、ある人が誰かにお金を渡したとすると、その行為が「貸した」のか、「返した」のか、「贈与した」のかは法的な評価となる。ある事実がどういう意味をもつのかを法的に評価するのが弁護士の技術である。どのような事件でも、どの法律の第何条を適用するか、どのような事実が重視されるのかなど、判例なども精査し、訓練を積み重ねていくことになる。

権力にひるまない精神をもつ

兼川さんが２０２１年４月、東京弁護士会副会長に就任したのを機に、弁護士会での活動などについて抱負を聞いた。

「裁判の世界は世の中の流れからは遅れているなと思います。今、ハラスメントが各方面で問題になっていますが、裁判では徹底的に争わず、早期に和解して終わりになってしまうケースが多くあります。私は訴訟で自分の言い分をしっかり伝えることが大切だと思っていますが、日本にはそういう土壌がありません。その意味では、司法も改善されるべきところがたくさんあると思います」

そう語る兼川さんが大切だと思うのは人権問題だという。

「日本は人権後進国だと思っています。訴訟では扱いにくい人権救済の申し立てが日弁連にはたくさん来ます。外国人や女性、刑務所の処遇など、国際連合の人権理事会などによる勧告がくり返されているように、解決されていない人権問題が多いのです。日々、そのような不合理がまだ起きている国なんです。なかでも刑務所でどのような処遇がされているかといった問題というのは、その国でどれだけ人権が重視されているかを推しはかる基準となるものです。有罪とされて収監されている人に対してどれだけ人権を尊重した扱いができるかで、その国の民主主義のレベルが試されると思っています」と言う。このことはしばしば海外から問題視されている事柄だが、国内ではまだ大きく注目されていない点でもある。

「司法の改善はまだまだです」と兼川さん

　さらに、東京オリンピック・パラリンピック組織委員会の２０２１年２月当時の委員会会長の発言にからんだ女性差別の問題についてこう語る。

「常々日本は世界から人権を充分に尊重していないと思われていると思います。経済がこれだけ発展している日本なのに、世界経済フォーラムが毎年公表しているジェンダーギャップ指数が世界で１２０位（２０２１年３月公表）って、この国は何なんだろうと海外の人びとも思っているに違いありません。当時の委員会会長の発言のようなケースを見ても、今回はオリンピックの問題だから世界がいっせいに『おかしいよね』と言ったのでしょう。そういう意味でいうと、日本の男女差別は根深い問題だと思います」

そう話す兼川さんだが、一方で将来への明るい展望も描いている。

「弁護士という仕事、弁護士会の役割は、日々の仕事の中でもそういう人権的な観点をもち、さまざまな問題に地道に取り組んでいく活動だと思うんです。弁護士が人権擁護の仕事を数多くやっていることは、市民に信頼される基盤だと思います。若い弁護士には、人権や福祉の問題をやりたいと言ってこの世界に入ってくる人もたくさんいます。そういうことができるフィールドだということが理解されているのでしょう」

さらに、兼川さんはこう続ける。

「弁護士会としての今後の目標は、よりいっ

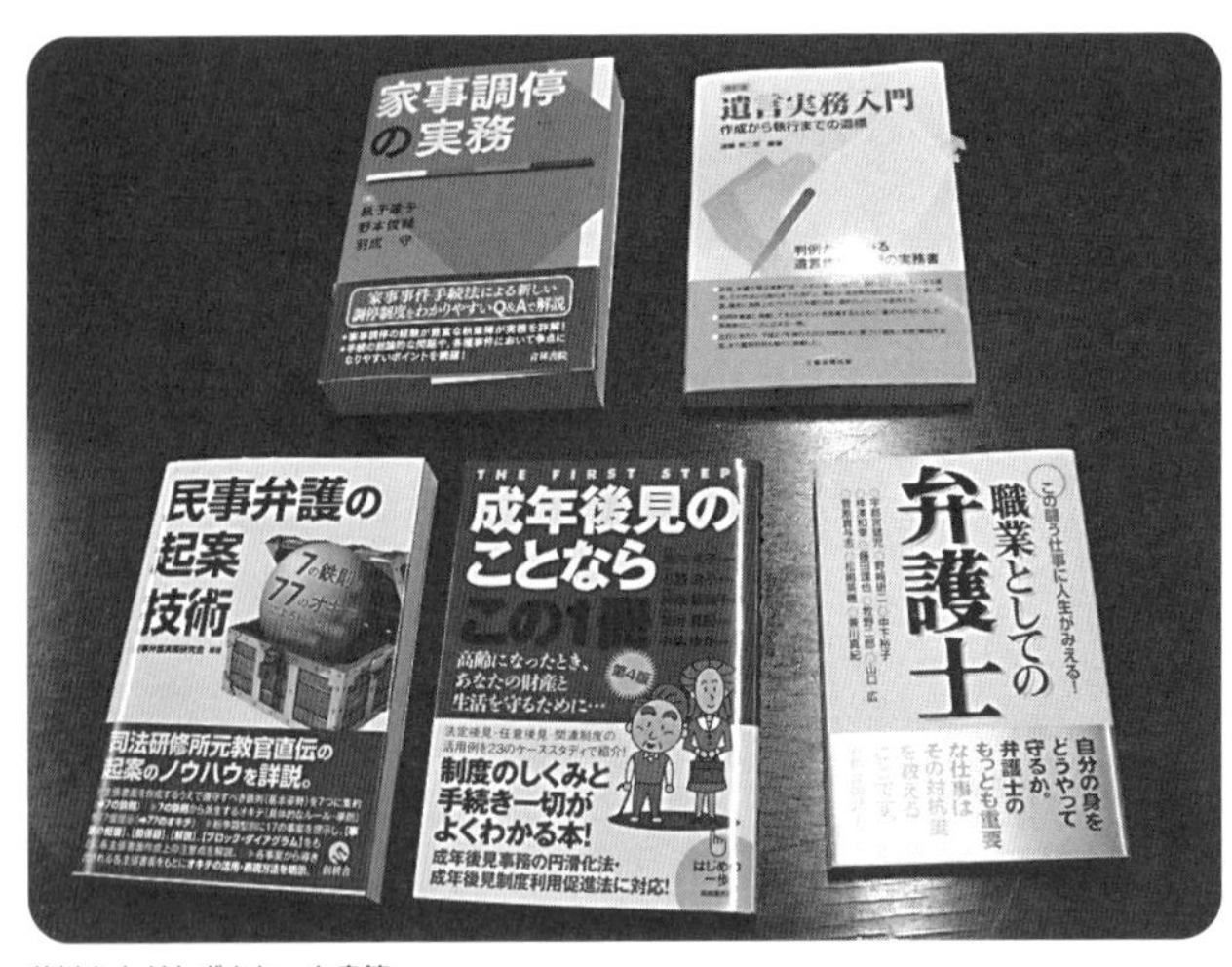

兼川さんがたずさわった書籍

そう市民の信頼が得られるかどうかだと思います。そのためには、市民への法的サービスの提供に加え、人権擁護活動の地道な積み重ねも大切です。住みやすくて清潔ではあるけれど、日本社会には、看過できないひどいことがまだまだあると考えています。行政の中での人権侵害についても問題意識と批判精神をもって注視していきたいです」

法的思考を発揮できる魅力

最後に、弁護士として、中高生に向けたメッセージを語ってもらった。

「紛争はきちんとしたルールに従って解決されるべきで、それが法治国家であり、法化社会だと思います。しかし、そのルールでは救済されない人もいて、その人たちをどう救っていくかを考えるのは弁護士の使命だと思っています。弁護士として、法を知りながら役所に入るのも会社に入るのもいいでしょう。法的な思考が使えるフィールドが広がっているので、刑事や民事の裁判だけでなく、社会で幅広く使うに足る資格だと思います」

兼川さんは、弁護士とは法化社会を実現し、正常でない権力を許さない仕事であるとして、司法試験へのチャレンジを勧めていた。

そんな兼川さんに、ふだんから心がけていることを聞くと「まず、問題をひとつずつ片付けようということですね。弁護士という職業は、結構ストレスを感じる職業なんですよ」と言って笑った。

趣味を聞くと「ベランダ菜園です」と答えた。野菜やハーブの手入れをするのが楽しみだという。これが多忙な兼川さんにとっていちばんのストレス解消法のようだ。

ドキュメント 2 刑事事件を中心に活躍する弁護士

社会のため、人のために役立つ仕事を

弁護士法人早稲田大学リーガル・クリニック
神田安積さん

取材先提供（以下同）

神田さんの歩んだ道のり

１９６３年静岡県生まれ。１９８７年３月、慶應義塾大学法学部を卒業し、１９９０年11月、司法試験に合格。翌年４月、司法研修所に入所（修習45期）。１９９３年４月、弁護士登録。２０１８年４月から放送倫理・番組向上機構（ＢＰＯ）「放送倫理検証委員会」委員長を務めた。２０２１年４月、第二東京弁護士会長に就任。刑事事件の弁護に精通している。

社会のために役立つ仕事を志望

神田安積さんはインタビューのさい、サラサラの黒髪にダークスーツ姿で現れた。人あたりがよく、言葉も明快で、弁護士らしい弁護士と直感した。まず最初に、司法試験を受験した経緯について尋ねた。

「実は大学を卒業するさい、就職活動をしたのですが、第一志望の金融機関に最終段階ではねられてしまいました。司法試験の勉強も少ししていたので、司法試験の道を進むことにしたのです」

就職活動によって社会の多くの企業や仕事を知ることになり、社会のため、人のために役に立てる仕事にかかわりたいと思い始めていた。

神田さんは、「合格して司法研修所で学んでいる時、教官から検察官に誘われましたが、最終的に弁護士を選びました」と語る。弁護士を選択したのは、父親が歩んだ道も微妙に影響を与えていたようだ。

神田さんは、こう続けた。

「父は地方銀行に入行し、そこで仲間と労働組合を立ち上げました。ですが、その後、そのことを理由に解雇されてしまい、東京の弁護士に相談して裁判を起こさざるを得なくなりました。勝訴して銀行に復職できたものの、つぎは銀行から賃金差別を受け、長期の裁判になりました。このように、父が弁護士にお世話になったことから、弁護士が社会のために活動する仕事だということを小さいころから意識していました」

自由に仕事ができた勤務弁護士時代

司法試験に合格後、東京の法律事務所に入所し、6年間勤務弁護士として経験を積んだ。その法律事務所を選んだきっかけは、民事裁判修習初日に配属された裁判長から裁判の傍聴を勧められたことからだった。

神田さんが傍聴した、その裁判の原告は弁護士で、被告は国だった。弁護士が、自分の依頼者である刑事事件の被疑者に接見に行ったところ、警察官から接見を拒否されたという「接見妨害国家賠償請求訴訟」の判決の日だったのだ。

国の代理人が被告席に座り、弁護士本人が原告席に座ることになった事件に興味をもち、原告である弁護士の名前を聞いた。そして、その弁護士の事務所を訪問して事件の話を聞

事件資料を１ページずつ確認

関係者との電話での打ち合わせ

いたところ、司法修習修了後、事務所に入所するように勧められたのだ。

事務所に入所すると、「自分自身が思うように自由にやってください」と言われ、自由に担当事件を選ばせてくれた。

教育にたずさわりながら弁護活動も

その後、2つの事務所を経て、現在の弁護士法人早稲田大学リーガル・クリニックに移った。そこでは刑事弁護の教育を手伝ってほしいと言われ、すでに11年間働いている。

弁護士法人早稲田大学リーガル・クリニックは、その名の通り、早稲田大学に併設された法科大学院をサポートする法律事務所である。13人いる弁護士の半数が大学の教員で、学生とともに実際の事件を取り扱う臨床教育にたずさわり、大学院生に助言している。

神田さんは刑事事件を担当している。

法律事務所での一日の主なスケジュールを聞いた。すると、即座に「毎朝９時か９時半には出勤して、外で打ち合わせの場合もありますが、帰宅は深夜になったり、明け方になることもあります」という答えが返ってきた。「仕事を断る力がないので土曜、日曜もなく働いています」と本人は苦笑するが、根っからの仕事人間に見えた。

さらに、神田さんは放送倫理を高め、放送番組の質を向上させることを目的として設置された第三者機関ＢＰＯ「放送倫理検証委員会」の委員、続いて委員長を計４年間務めた。毎月１回、委員会を開いて、放送番組に放送倫理上の問題があったか否かについて検証した。

「東電女性社員殺人事件」で弁護団を結成

神田さんが担当した刑事事件のなかで、もっとも社会から注目されたのは１９９７年３月、東京都渋谷区のアパート空き室で女性の遺体が発見され、のちにネパール人男性が犯人と疑われた事件（東電女性社員殺人事件）だろう。

この事件が起きたのは、神田さんが弁護士になって４年目のこと。ネパール人男性が出入国管理及び難民認定法違反（不法残留）容疑で逮捕されたうえ、殺人の疑いももたれているという新聞報道がなされたため、神田さんが第二東京弁護士会の刑事弁護委員会から派遣されたのだ。メディアに報道されるような刑事事件に弁護士が出動していない場合、弁護士会から派遣される制度がある。

ネパール人男性は不法残留の罪を認め、執行猶予付き有罪判決を受けた。殺人については否認していたが、その日のうちに強盗殺人容疑で逮捕された。そして、殺人に関する自白も直接証拠もなく、決着するまでに、実に16年間もかかる「冤罪」事件となった。

ネパール人男性の依頼を受け、神田さんらは弁護団を結成。殺人を否認する無実のネパール人男性が起訴されないように、黙秘権を徹底的に行使することとした。その理由を神田さんはつぎのように語る。

「日本語も日本の法律もわからない被疑者が調書を取られると、その後の裁判で不利になるケースが多いからです。本人は否認していても、警察・検察は調書を必ず取ろうとします。それを防ぐため、私は毎日、警視庁本庁の留置場へ接見に行きました。それに対し、

事件を解決するために多数の資料や文献を調査する

警察からは接見時間を15分に限るなどの厳しい扱いを受けました。その後、強盗殺人罪で起訴されましたが、私たちの方針は最終的に無罪につながったと思います」

２０００年４月の東京地裁判決では、無罪となったものの、その直後に裁判所がネパール人男性を勾留するという異例の措置をとった。理由として、裁判所は、①罪を犯したと思われる相当な理由がある、②逃亡のおそれがある、③罪証隠滅のおそれがある、とした。

「これには驚きました。無罪である以上、故郷のネパールに帰れるはずですが、裁判所は、無罪でもまだ犯人である可能性があると言って勾留するんですからね。しかもその理由として罪証隠滅のおそれをあげていましたが、証拠調べはすべて終わっているので隠滅しようがないんです。これは絶対許されません。

裁判所の人質司法の究極の姿です」

神田さんは昨日のことのように、怒りをあらわにした。

この後、２０００年12月の東京高裁判決では、無罪判決が破棄され、無期懲役の有罪判決に変更された。上告したが、２００３年10月の最高裁判決で上告棄却となった。神田さんらは再審請求を申し立てたところ、ネパール人男性ではない真犯人がいることをうかがわせる証拠を検察官が保管していたことがわかり、２０１２年６月に再審開始が決定した。そして同年11月、ようやく再審公判の判決が出され、無罪が確定した。

日本の刑事司法制度の課題

日産自動車前会長、カルロス・ゴーン被告人の事件に関し、人権無視の長期勾留などが批判され、世界の注目を集めた。日本の刑事司法制度はその後、改善されたのだろうか。

神田さんに、日本の逮捕や勾留の問題点について聞いてみた。

「被疑者が罪を認めないと罪証隠滅のおそれや逃亡のおそれがあるとされてしまいます。罪を争う被疑者に対して検察・裁判所がそのことを理由に身体拘束の解放を認めない実務の運用のことを人質司法と言います。その実務はここ数年、改善しつつあるとされていますが、まだ本質的には解決していません。また、国選弁護人は被疑者が逮捕されただけでは選任されず、勾留段階にならないと付けられません。もっとも大切な逮捕段階で被疑者をサポートする弁護人がいないケースが生じてしまうのをどうするのかが課題です」

インターネットも重要な情報源

裁判所と協力して問題を解決

さらに、神田さんが弁護士として経験した、忘れ難い事件について聞いた。神田さんが弁護士になって3年目、知的障害のある成人の男性が認知症の母親に睡眠薬を大量に飲ませたとして殺人未遂罪で起訴された。当時、神田さんは、男性が起訴された後に国選弁護人に選任され、本人と警察署で接見した。

男性は、母親が認知症で物忘れがひどくなっていることを十分に理解できなかった。母親はご飯を炊いても忘れてしまい、また炊いたりしていて、男性は自分に対する嫌がらせと思い込んでいた。

困った男性は別れて暮らしている親族に電話したり、福祉施設に相談したりしたが、誰も親身になってくれなかった。一人で悩んでいるうちに眠れなくなり、睡眠薬を飲み始めた。

そのうちに母親が外へ出て徘徊するようになったため、それを防ごうと考え、母親に睡眠薬を大量に飲ませ、殺人未遂罪で起訴された。

男性との接見などで事情を把握した神田さんは、裁判で男性には殺意がなかったと訴えて争った。それと同時に、裁判所と生活環境の改善をどうやってサポートしていくかを話し合った。

その結果、母親が暮らしていける場所を探し、一時的に預かってもらうことになった。男性は執行猶予となり、ときどき母親に面会していたが、母親はそのまま施設で生涯を終えた。

神田さんは以上の経過を説明し、「この事

同僚のサポートも不可欠

件では、裁判所も母親と男性の事情をよく考えてくれました。その後、男性から事務所に手紙が届き、そして、あいさつにも来てくれたことは今も思い出に残っています」と感慨深げに話していた。

弁護士会は若い力を待っている

弁護士として神田さんが心がけていることを聞くと、「3つあります」と語り出した。

「ひとつは、その日の仕事はその日に終えて、常に新しい事件を受けるために手を空けておくこと。2つ目は、絶対にあきらめないこと。3つ目は、弁護士の武器は事実・証拠・条文だということです」

仕事人間の神田さんだけに、その日の仕事はその日に終えるという原則を自分に課しているのだろう。

相談者とは何度も面会を重ねる

さらに、仕事選びについて読者へエールを送ってくれた。

「子どもにも大人にもつらいことや悩みはあって、避けたくても避けられない出来事があると思います。どんな仕事も大切で、その共通項は人のため、社会のために役立つことだと思います。みなさんには、どんな仕事でもいいので、人のため、社会のため、特に自分の子どもたちの世代のために役立つ仕事を選んでほしい。そのなかのひとつに、弁護士という仕事もあると思います。弁護士の仕事で良いところは、困っていること、悩んでいることで人の相談に乗れるところです。

困っている人、悩んでいる人のなかには、その問題が法律問題であることに気がついていない人もいます。法律問題であるとわかっていても、どのようにすれば弁護士に相談できるのか、わからない人もいます。わからない人たちのために、法律事務所でただ待っているのではなくて、自分たちからアプローチする工夫をしなければなりません。そういうところにやりがいを感じて、私たちの仕事をいっしょにできればうれしいです。とてもやりがいのある仕事ですので、興味があれば、ぜひお近くの弁護士会にご連絡ください！」

　自分の子どもに法曹界に入るように勧めているかどうか聞いてみると、「息子と娘には、社会や子どもたちのために役に立つ仕事であればなんでもいいよ、としか言っていません。今のところ、２人とも法曹界は選んでいません」との答えだった。

　ちなみに、座右の銘は何かと聞いたところ、フランスの小説家、サン＝テグジュペリの童話『星の王子さま』から、つぎの部分をあげた。

「ものごとはね、心で見なくてはよく見えない。いちばん大切なことは、目に見えない」

　趣味は「映画を見たり、コンサートへ行ったり、音楽を聞くことですね」とのこと。忙しいなかでも仕事に全力投球できるのは、多彩な趣味のおかげなのかもしれない。

ドキュメント 3 家事・子ども・福祉を中心に活躍する弁護士

弁護士は男女の別なくやりがいのある仕事

野田記念法律事務所
相原佳子さん

取材先提供（以下同）

相原さんの歩んだ道のり

１９５４年愛媛県生まれ。地元の高校を卒業後、１年間、会社員として働き、愛媛大学法文学部に入学。卒業後、国家公務員試験に合格、丸亀市にある女子少年院で教官を務めた。１９８８年司法試験に合格、翌年司法研修所に入所（修習43期）。１９９１年に弁護士登録。上京し法律事務所に勤務。現在、女性弁護士５人の事務所で働いている。

家事・少年事件を主に担当

相原佳子さんが勤務する野田記念法律事務所は、東京・新宿区の新宿御苑に近いビルの一角にある。所長はおかず、女性5人全員がパートナー弁護士として共同経営をしている。事務所の営業時間は午前9時半から午後5時半までで、この時間内は事務員も勤務している。

相原さんに、事務所での一日の主なスケジュールを聞いた。

「私は午前10時には事務所に出勤して、午後6〜7時には帰るようにしています。家事事件の調停や、いくつかの顧問先の相談を受けたり、その関係で裁判所へ行ったりすることが多いですね。準備書面や原稿を書く仕事は土曜日にするようにしています」

相原さんが大学を卒業してから、司法試験に合格するまでに10年の歳月が流れている。その間、当時の国家公務員試験（中級）を受けて法務教官を5年間、勤めていた。

相原さんは、法務教官として女子少年院で働くことになった経緯をつぎのように話してくれた。

「地元の大学に通っていたころは、母子家庭で生活費のこともあり、ほとんど毎日がアルバイト漬けでした。当時は国家公務員の中級職の女性合格者の就職先が限定されていて、私を採用してくれる先は少年院だけだったのです。私は事務職よりも人間相手の仕事をしたいと思っていたので女子少年院の教官という仕事は興味がありました。女子少年院の院長は女性で、すばらしい方でした。法務教官としても、多くを学ばせていただきました」

女子少年院の教官を5年勤めた経験から、相原さんは人間相手の仕事への関心がさらに高まったという。さらに、矯正教育にたずさわった経験は、やがて、子どもや福祉の分野でサポートできることにかかわろうという相原さんの考え方の基盤となったといえる。

また、女子少年院に入る子どもたちの家庭環境を目の当たりにできたことは、後々の弁護士の仕事にも大いに役立っていることは間違いない。

司法試験に挑戦

相原さんはその後、司法試験をめざして塾の講師をしながら本格的に勉強した。5年で合格できたのは、むしろ早いほうだ。

なぜ、公務員の職を辞めて司法試験をめざすことにしたのだろうか。相原さんは、その理由をこう語る。

「公務員には転勤があり、全国を回らないといけません。そのうえ勤務年数が経つと、管理職を務めないといけなくなる。具体的な事件や人と人との接触が少なくなるので、それは避けたいと思ったのです。加えて、自分の力を試したいという気持ちが重なって、司法試験を受けようと決めました」

だが、四国での独学で、まわりに知り合いの弁護士もいない状態だったため、どのように勉強したらいいか、まったくわからなかった。当時、真法会という通信教育講座があり、それだけが頼りだったが、4年経っても合格できなかった。

そこで、相原さんは郷里の市内で唯一の女性弁護士に、面識もないのに突然電話して助言を求めたという。その方は自宅に招いてく

法務教官としての経験が子どもや福祉にかかわるきっかけ

れて、「もう1年間、死に物狂いでがんばりなさい。それでダメならあきらめなさい」とアドバイスしてくれた。その通り何が何でもという気持ちでがんばり、最短で合格できたという。

弁護士として子どもや福祉にかかわる

弁護士をめざすことは、司法試験をはじめて受ける時から決まっていた。その理由を相原さんはつぎのように話す。

「私は公務員を経験したことから、弁護士は自由に仕事ができてストレスが少ないと感じたので、裁判官や検察官よりも弁護士のほうが向いていると思いました。さらに、子どもたちをはじめとする社会的弱者の役に立てたならはげみになるし、やりがいもあっていいなと思ったのです」

相原さんは１９８８年に司法試験に合格して、愛媛県松山市で司法修習を受けた。ところが、松山で弁護士になろうと思っても、当時は女性を雇ってくれる法律事務所が見つからなかった。東京に出ればチャンスはあるが、いきなり上京してやっていけるかどうか、不安だったという。そのうち、同期同クラスの弁護士志望者と東京で将来いっしょに法律事務所をやろうという機運が盛り上がり、まずは別々の法律事務所に就職した。

最初は大規模な法律事務所に勤務弁護士として就職し、大企業の経営問題などを扱うことが多かった。その後、相続や離婚など、自分の専門を活かした家事事件を扱うようになったという。

「はじめのころ私が手がけていたのは、家事事件と一般民事事件が半々でした。最近は、

事務所を開き、家事・少年、福祉関係の事件を中心に手がけるように

家事事件や少年事件、福祉関係の事件が増えてきて、全体の7割ほどを占めるようになっています」

印象に残った少年事件

弁護士になってから30年のあいだで、特に印象に残っている事件を語ってもらった。

相原さんは15年前に起きた少年事件を挙げた。弁護を担当した19歳の少年は、「暴力はふるっていないし、脅すようなことも言ってない。自分は、女性にはもてるので暴行をするわけがない」と否認していた。

被害者の女性も直接的暴言はなかったと証言していた。また、調書においては被害者の女性と少年が対等な話し方（いわゆるタメ口）で会話していることも認められた。しかし、一方で少年は「俺は薬をやっている」「ヤクザの○○さんを知っている」などとカッコつけて、オーバーに話したりしていた。そのため被害者の女性は少年に脅されたと感じたものと推測された。

相原さんが少年の家庭環境を調べたところ、幼いころに母親が再婚し、義理の父親にカギのかかった部屋に押し込められたり、強制的に働かされたりしていた。少年はこらえきれず、そこを脱出し、ホストクラブで働きつつ父親の異なる幼い義妹をかわいがっていた。

法廷で少年に、義理の父親からかなりの虐待を受けていたことを証言させようとしたが、たくさんの傍聴人の前で少年は下を向いて小さな声で「父はふつうの人です」と言うだけで、父との関係の真相を話そうとしなかった。

結局、裁判では懲役2年の実刑判決となり、少年は控訴しなかった。少年からは判決後、「先生には信じてもらえてよかった」とお礼を言われた。数年後、成人になった少年から「今は結婚してきちんと暮らしています」と、感謝の手紙が届き、うれしかったという。

「刑事事件としては厳しい結果になったけれど、サポートすることの重さを痛感しました。『事実は小説よりも奇なり』と言われますが、個別の事件では、つぎつぎに予想できないことが起こります。弁護士という職業は、人間と向き合いたいと考えている人には、とてもおもしろい仕事ではないかと思います」

ある家族の10年間

家事事件で印象に残った事案についても話してくれた。夫から離婚を求められているという相談を受け、妻の代理人となった事案である。夫婦と子ども3人の家族で、夫が別の女性を好きになって家出をした。妻は子ども3人を自分一人では育てられないと、長女以外の男の子2人を夫に引き渡した。

だが、夫は事業に失敗し、子ども2人を育てられないと言い出し、子どもをおたがいに押しつけあう事態になり、子どもたちが不安定になった。そのうちに夫が自死してしまい、相原さんは妻が子ども3人を育てられるような体制をつくった。一時は妻を事務所で雇ったこともあったそうだ。

子ども3人が二十歳前後になったころ、今度は妻が病気で亡くなった。喪主は長女だった。

「とにかく一家心中だけは防ごうと見守りました。ようすがおかしいと思えば、『いつでも電話してきてね』と声をかけていた。こういう場合、弁護士自身もいっしょになって気持ちが落ちてしまわないように、気をつけないといけません」

相原さんは、自分の言葉を噛み締めるように話した。

依頼者が一歩前進できる手伝いをしたい

相原さんに、弁護士としての信条は何かと聞いた。

「弁護士によっていろいろですが、私がかかわっている事件の多くは、町医者的な内容ばかりです。信条といえるかはわかりませんが、依頼者が一歩でも先に進めるように助けることができれば、と思っています」

また、弁護士の適性についてはつぎのようにアドバイスをくれた。

「理路整然と説明して分析できる能力も大事

「いろいろなことに興味をもって取り組める人がいいかも」と相原さん

ですが、誤解を恐れずに言えば、むしろいろいろな問題をどのように解決していくかについておもしろく考えられるタイプでないと弁護士は厳しいと思います。例をあげると、人間に対して興味・関心があること、トラブルが重なった時に、どこかで『なんとかしてみよう』と前向きになれる人がいいですね。たとえば、交渉ごとでも、都合の悪い条件が重なった時、少しでも有利な解釈をどう導いていけるか。慎重かつポジティブに考えることができる性格が必要だと思います」

求められる役割を果たしながら

今後の目標について聞くと、最近、女性弁護士が企業や行政の現場でのガバナンス（支配・統治）やコンプライアンス（法令遵守）についての意見を求められることが増えてい

「求められている役割があれば、それを果たします」

るとして、つぎのように答えてくれた。

「昨今、女性は忖度せずに正論を主張すると見られているので、昔とは違った意味で存在意義が高まっているのかなと思います。官公庁や企業を問わず、女性にそれを求められているのなら、役割をきちんと果たし、期待に応えていくべきだと考えています」

ただ、一方で意見が反映されたり、実質的な決定ができたりする一員と見なされないこともまだあるという。

「まだまだ、稀な存在なんです。実質的なところで役割を果たしていけると、もっと良いと思います。ジェンダーバランスのために、女性だから私が呼ばれたのかなと感じるところはあります。弁護士の仕事をしている時、女性だから、男性だからという感覚はまったくありません。けれども、一般社会では、特に欧米と比べると、日本はまだまだですよね」

続いて、弁護士として中高生へのメッセージを語ってもらった。

「弁護士になって感じることは、若い人にとって非常にやりがいのある職業だということ。検察官や裁判官もそうですが、ジェンダーの観点からがまんしなくてはいけない場面などが少ない仕事なので、若い人、特に女性にはどんどん進出してもらいたい分野です。それに、この仕事は裁判以外にも解決方法がたくさんあります。裁判に辿り着く以前に、予防やサポートによって対応できる事案も多くありますし、気配りをすることで避けられるトラブルなどもあり、とてもやりがいがあります」

いつでも気後れせずにポジティブに

弁護士は仕事柄、話し上手な人、怖がらない人と思われがちだろう。物怖じせずにやっていくための方法などはあるのだろうか。

「日本の場合、訴訟を恐れすぎていると思うのです。相手側から『訴えますよ』と言われると、言われた側は内容に関係なく怖がってしまうケースがよくあります。ですが、公に判断してもらうことをおそれず、毅然とした対応をとることで解決することも少なくありません」

相原さんが「先輩に言われて心に残っている」としてつぎの言葉を笑いながら教えてくれた。

「難しい問題は夜中には考えずに、朝、目が覚めてから考えようと言われました。夜はどうしてもネガティブに考えても、朝、起きてから考えると、ポジティブに考えられますからね」

最後に、趣味について聞くと、「学生のころは宝塚歌劇団に夢中でした。今は観劇に加え、旅行が趣味です。新型コロナウイルス感染症が流行してからは、動画配信で海外の映画やドラマを見るのがお気に入りです」と答えてくれた。

Column

弁護士のバッジ

弁護士のバッジは、「ひまわり」をかたどり、中央には「秤(はかり)」がデザインされている。ひまわりは自由と正義を、秤(はかり)は公正と平等を追い求めることを表している。バッジは純銀でできていて、金メッキが施(ほどこ)されている。最初は金色に光って見えるが、キャリアを積んでくると、地金の銀が見えてくるので、ベテランであることがわかるという。

バッジは一人にひとつずつ交付され、バッジの裏面には「日本弁護士連合会員章」の文字と弁護士の登録番号が彫(ほ)られている。バッジを紛失(ふんしつ)すると官報に掲載(けいさい)され、再交付を受けることになる。

弁護士歴25年の兼川真紀弁護士は「はじめてバッジを手にした時は、結構、重くて驚きました。ふだんはあまりつけていませんが、いつも持ち歩いています」と話していた。

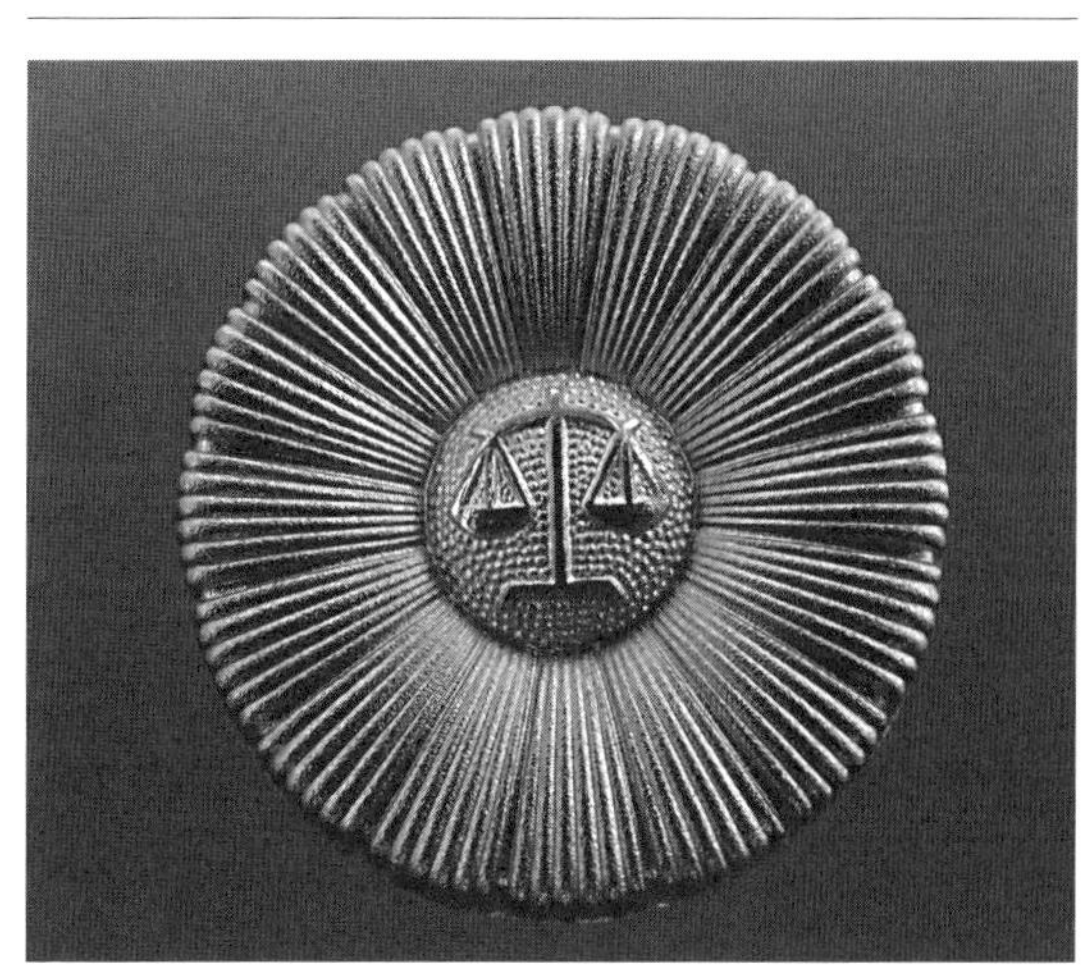

日本弁護士連合会提供

2章

弁護士の世界

社会の中で起こるさまざまなトラブルを防止し解決する

在野法曹のマインド

弁護士は、裁判官、検察官と並ぶ法律の専門家である。三者の大きな違いは、裁判官や検察官が国家公務員であるのに対し、弁護士は民間人である点だ。弁護士は「在野法曹」と呼ばれている。

弁護士は、法律を使って社会の中で起こるさまざまなトラブルを防止し解決するが、訴訟においては依頼者の代理人を務める。わが国では司法試験制度があり、合格して弁護士の道を選ぶ人は日本弁護士連合会（日弁連）に登録したうえで活動することができる。

弁護士は基本的人権を擁護し、社会正義を実現することを使命としているので、いかなる権力にも屈することなく、自由でなければならない。そのため弁護士には完全な自治権が認められており、弁護士の資格審査、登録手続きは弁護士会と日弁連が行い、組織・運営に関する会則もみずからが定めることができる。

弁護士は裁判官や検察官と違って定年がなく、希望すれば一生働くことができる。日弁連の調べでは、２０２２年５月末現在、70代の弁護士が３９２８人（うち女性２４８人）、80代以上の弁護士が１６５５人（同１０４人）いる。合わせると５５８３人で、弁護士全体の12・７％を占めている。

弁護士は裁判官や検察官と同じ法曹界で働いているので、法廷以外で彼らと顔を合わせる場面もある。国の審議会の会議などで同席となった場合、法制度などを巡って議論になることも少なくないという。

弁護士のなかには、裁判官や検察官に対して、組織の意向に従おうという〝公務員気質〟を感じ取る人もいる。ある弁護士は「弁護士は、自分の法的思考の感覚を大事にしていて、違うと感じると『それはおかしい』と言って食らいつくことがあります。『すでに決まったことだ』と言われても決定の過程で考慮されていなかった事情が判明していれば、弁護士は『再検討すべきだ』と言って抵抗することがあります。それが困っている人たちのために闘うという、私たち在野法曹のマインドだと感じています」と話していた。

弁護士の歴史

わが国で弁護士が職業上の資格として、はじめて認められたのは、1876（明治9）年に制定された「代言人規則」による。弁護士の前身である代言人の資格は免許制で、登録を受けた裁判所でのみ出廷資格が認められた。

明治のはじめごろ、資格のない代言人は「三百代言」と呼ばれていた。「三百」は銭三百文という意味で、わずかな金額を指し、価値が低いことを示していた。そこから、いい加減なことや、こじつけを言って人をだますこと、または詭弁を弄してごまかす人を表していた（『三省堂新明解四字熟語辞典』）。

1893（明治26）年には弁護士法が制定

法曹三者に共通して必需品である「六法全書」　奥国範さん提供

され、弁護士という呼称が用いられるようになった。そして、弁護士になるには弁護士試験に合格する必要があると定められた。この時、弁護士の仕事はまだ法廷活動に限られていた。

１９２３（大正12）年には弁護士試験が廃止され、判事、検事と同様、高等試験司法科試験で合格することが求められた。この結果、資格要件は法曹三者で統一された。

第二次世界大戦後の１９４９（昭和24）年、日本国憲法の制定を受けて、新たな弁護士法が制定された。新制度では弁護士自治が広範囲に認められ、弁護士の登録・懲戒の権限は裁判所から弁護士会の管轄に移された。弁護士会は独立の団体となり、全国団体である日弁連が設立された。その後は制度の基本は変わらないが、法曹人口の拡大や法曹養成制度の変更などさまざまな改革が行われている。

弁護士の職務

弁護士はもともと、依頼者の代理・援助を主な職務としてきた。ただし、民事訴訟では弁護士がいなければ訴訟ができないという「弁護士強制主義」は取られておらず、当事者自身が訴訟を行う本人訴訟も認められている。

だが、当事者が訴訟代理人をつける場合は、原則として弁護士をつけなければならない。ただし、簡易裁判所では、例外として裁判所の許可を得て弁護士以外が代理人になることが認められている。

一方、刑事訴訟では、被告人を弁護する弁護士は弁護人と呼ばれる。そして、死刑、無期または３年を超える懲役・禁錮に当たる事件を審理する場合などには、弁護人がいないと開廷できない。こうした事件は「必要的弁護事件」と呼ばれている。この場合に弁護人がいないか、いても公判期日に出頭しない時は、裁判長が職権で弁護人をつけなければならない。

必要的弁護事件以外では、弁護人の選任は被告人の意向に委ねられるが、弁護人は原則として弁護士に限定される。なお、被告人が貧困などのため弁護人を選任できない場合、国選弁護人を付けるよう請求することができる。

弁護士の使命・職務については弁護士法でつぎのように示されている。

弁護士は、基本的人権を擁護し、社会正義を実現することを使命とする。

弁護士は、当事者その他関係人の依頼などにより、訴訟などの事件について法律事務を行うことを職務とする。

重要なのは守秘義務

また、弁護士は職務を遂行するにあたり、弁護士法、あるいは所属する弁護士会と日弁連の会則などに定められた義務を遵守することが求められる。その中でも重要なものは、職務上、知り得た秘密を保持する守秘義務である。

こうした義務に違反したり、弁護士の品位を損なったりするような非行があった場合には、懲戒の対象になる。懲戒は所属弁護士会または日弁連の懲戒委員会の議決に基づいて行われる。懲戒処分には、戒告、２年以内の業務停止、退会命令、除名がある。

弁護士会と弁護士によって構成される日弁連

弁護士が登録する組織

弁護士会は、各地方裁判所の管轄(かんかつ)区域に原則として1つ置かれている(東京には3つの弁護士会がある)。これとは別に全国組織の日弁連がある。弁護士会は、弁護士登録のさいの資格審査(しんさ)、懲戒(ちょうかい)、会則の制定などを行っている。

日弁連は、全国52の弁護士会と全国の弁護士などによって構成され、資格審査(しんさ)、懲戒(ちょうかい)などの法定委員会、人権擁護(ようご)、司法修習などの常置委員会、子どもの権利、両性の平等、法教育、消費者問題対策などの特別委員会などを組織して活動している。

日弁連の会長は、会員の直接選挙で選ばれ、任期は2年。そのほか、副会長15人(任期1年)、理事75人(同1年)で理事会が構成される。

社会のニーズに応える弁護士

日弁連事務次長の佐熊真紀子弁護士（東京都出身、修習51期）に、現在の弁護士会について尋ねた。

「日弁連は設立以来、人権擁護と社会正義の実現に向けた活動を行っています。従前から、各地域に目を向けた活動を続けており、各弁護士会のあいだでめざしていく方向性に大きな違いはありません」

さらに佐熊事務次長は、今後の日弁連の施策方針についてつぎのように語った。

「人権擁護の分野、刑事の分野などに重点を置いています。また、弁護士が社会の隅々で、社会のニーズに応える活動にも力を入れています。国際分野での活躍など、新しい時代に合った弁護士育成が課題となっています」

弁護士は法律のスペシャリストとして、これまで以上に活動の範囲が広がってきている。法律事務所にとどまらず、企業や団体、さらに国や地方公共団体などに広がってきているうえ、仕事の内容も年々多様化しているのが特徴である。このため、それに対応した関係機関との連携や関係する団体との協力が必要になってきている。

新たな体制づくり

　佐熊事務次長に、日弁連の体制についても尋ねた。

　日弁連の副会長はそれまで13人だったが、２０１８年４月から女性枠２人を別途創設し、15人体制となった。また、理事も２０２１年４月から女性枠を４人別途設け、75人体制にした。日弁連はその活動に関与する女性の割合を増やすため、一定の数を女性に割り当てる「クオータ制」を採用している。

　佐熊事務次長は「役員の中の女性の割合はだんだん増えています。女性活躍推進法なども視野に入れつつ、男女共同参画社会の実現に向けて日弁連も

日弁連のある霞が関には裁判所、法務省、検察庁なども並ぶ

日弁連が入る弁護士会館

積極的に取り組みを進めています」と説明した。

弁護士の仕事

さまざまな分野で働く弁護士活躍の場は法廷以外にも広がっている

困りごとの解決を手助けする

弁護士が解決をめざす案件には、大きく分けると「民事事件」と「刑事事件」がある。民事事件は日常で起こる争いごと。たとえば、お金を貸したのに返してもらえない、代金を支払ったのに商品が届かない、働いた分の給与が支払われないなどだ。事件の当事者の一方から依頼を受け、依頼者の代理人となって手助けをする。

また、刑事事件の場合は、犯罪の疑いをかけられた人（被疑者・被告人）を弁護する役割を担う。たとえば、罪を犯した疑いをもたれ、逮捕や起訴された人などの捜査・裁判での問題などに対応する。反対に、犯罪被害を受けた人の代理人として、被害者をサポートする役割も担う。

こうした弁護士の活動は、法廷での活動はもちろん、裁判外での交渉など、法廷外にも及ぶ。

【民事訴訟】

民事訴訟について説明しよう。民事訴訟では、訴えを提起する側の当事者を原告、提起される側の当事者を被告と呼ぶ。双方の当事者の言い分を踏まえ、中立的な立場の裁判所が最終的な判断を下すという構造になっている。原則として、原告は請求内容を提示する必要があり、裁判所は原告が提示した請求内容についてのみ判断できる。

対立する当事者の一方の代理人として活動

弁護士は事件の当事者の一方の代理人となって活動する。原告から依頼を受けた弁護士は、原告にとって有利な法律上の主張を行い、事実を立証していく。一方、被告から依頼を受けた弁護士は、原告の請求を否定する法律上の主張をし、事実を立証することになる。裁判所でこうした活動をすることを弁論という。このような事実と証拠の収集を当事者の権能（権利を主張し、行使することができる能力）と責任にゆだねることを内容とする弁論主義は、民事訴訟の根幹を成す基本原則であり、民事訴訟の本質である。裁判所は、双方に争いがある事実について、どちらの主張する事実が正しいかを審理・判断する。その過程で双方の当事者は、自己が主張する事実について証明責任を負うことになる。

【家事事件】

民事事件の中でも離婚や相続など、家庭や親族内の紛争を家事事件という。民事訴訟と同様に当事者から依頼を受けて代理人として、手続き上必要な書類の作成や主張・立証活動などを行う。最近の家事事件では、婚姻費用分担を巡る事件が増加傾向にあり、離婚条件の協議が長期化する要因にもなっている。また、子どもの親権や面会交流を巡る協議が難航し、解決までの審理期間が長引く傾向にもある。

【少年事件】

少年事件では、家庭裁判所（家裁）の保護事件において付添人として活動する。14歳未満であっても法令にふれる行為をした少年（触法少年）や、罪を犯していなくても20歳未満で性格や環境からみて、将来罪を犯すおそれのある少年（虞犯少年）も家庭裁判所の審判を受けることになる。弁護士は、少年の付添人として、家庭裁判所に協力して少年の健全育成という目的を適正に実現させる役割と、少年の権利利益を守る役割を果たす。なお、

２０２１年５月に改正少年法が成立し、２０２２年４月から施行され、少年事件の手続きは一部変更となる。

【刑事訴訟】

刑事事件は犯罪を起こさない限り、自分とは関係ないと考えている人も多いだろうが、社会生活を営んでいる以上、いつ、どんな時に犯罪の被害者になったり、加害者ではないかと疑われたりするかわからない。そのうえ、２００９年から裁判員制度が施行され、国民が職業裁判官といっしょに刑事事件の裁判に参加する制度ができた。このため、国民も刑事事件に無関心ではいられなくなっている。

東京の霞が関にある東京地方裁判所

犯罪の発生から事件が始まる

刑事事件は、物を盗まれたり、暴力を受けたりした被害者が１１０番通報するなど、被害を申告して始まることが多い。警察は、捜査を開始して、被疑者を特定し、身体拘束の必要性が認められれば、逮捕して取り調べを行う。現行犯を除き、逮捕には裁判所が発する令状が必要だ。警察は逮捕から48時間以内に事件を検察庁に送致しなければならない。ここからが検察官の出番となる。検察官は被疑者の身体を拘束して捜査を行う必要があると判断すれば、裁判所に対して被疑者の勾留を求めることができる。裁判所が勾留状を発すれば、原則として10日間勾留して取り調べることができ、それでも取り調べが終わらない場合、勾留の延長を裁判所に請求し、裁判所がやむを得ないと認めれば、さらに10日間を限度として勾留が延長される。検察官は、捜査の結果を踏まえ、公訴を提起するか否かを決める。検察官による公訴の提起を起訴という。起訴されると被疑者は被告人と呼ばれることになる。

被疑者・被告人の権利擁護を実現

弁護士は、犯罪を行ったとして捜査を受ける被疑者や起訴された被告人の弁護人として、その正当な権利利益を擁護する役割を果たす。被疑者・被告人にとって有利な事情を主張、立証するため、訴訟記録を検討したり、証拠を収集したり、被疑者・被告人や関係者と会って事情を聴いたりする。事件によっては、示談などの被害者対応も行う。

裁判所での公判では、弁護人、裁判官、検察官の三者が関与して裁判手続きが行われる。公判についてのくわしい流れは、なるにはBOOKS130巻『検察官になるには』、132巻『裁判官になるには』を読んでほしい。

民事、刑事訴訟のほか、行政訴訟がある。これは広義では民事裁判に含まれるが、それと区別して扱われている。代表的なもの

依頼者に寄り添う弁護士　　関理秀さん提供

相談者のためさまざまな支援を行う　神田安積さん提供

は、営業停止や課税など、公権力の行使を受けた者が、それを違法として国や地方公共団体を相手に争う訴訟である。その手続きは行政事件訴訟法で定められている。

人権擁護のための多様な活動

弁護士は、市民の権利を守るため、法的サービスを届けるために、幅広い公益的活動をしている。たとえば、高齢者・障害者が地域で安心して暮らすための高齢者・障害者支援、子どもの権利の実現、被災者に寄り添い権利を守る災害復興支援、消費者の権利を守り被害を回復する消費者支援、公害被害を救済し環境破壊を防止する公害対策・環境保全・まちづくり対策などがある。

また、刑事弁護の場面では、身体を拘束された被疑者・被告人や家族などから要請を受け、当番弁護士として活動したり、貧困などの理由により弁護人を依頼できない被疑者・被告人の国選弁護人として活動したりする。罪に問われた人の社会復帰支援などにも取り組んでいる。

司法アクセスの改善も

弁護士がいない地域の解消のため、弁護士会が設置・運営している法律相談センターやひまわり基金法律事務所などで活動する弁護士もいる。日本司法支援センター「法テラス」のスタッフとして活動したり、「法テラス」を通じ実施されている法律援助事業の運営にたずさわる弁護士もいる。

法テラス東京法律事務所で働く弁護士

弁護士による出前授業風景　日本弁護士連合会提供

また、中央省庁や児童相談所・地域包括支援センターなど関係機関との連携も行っている。組織内弁護士として企業・団体の法務を支える弁護士もいる。また、国際司法支援（法整備・司法手続きなどの整備）にたずさわったり、海外の弁護士会との連携など国際協力・海外支援も展開している。

法の理解を広める

さらには、「司法の担い手」を育てるため法科大学院の教員として法曹養成にかかわったり、司法研修所の教官として、あるいは、実務修習中の指導担当弁護士として司法修習生を指導したりしている。小学生・中学生・高校生に向けた法教育・主権者教育のための弁護士出前授業などの活動に取り組む者もいる。

働く場所

法律事務所をはじめ全国で活動する

法律事務所

弁護士が働く場所として、まずはじめに思いつくのは法律事務所だろう。一般的に、裁判所の近くに事務所を設けて、民事裁判における代理人・刑事裁判の弁護人活動を行い、裁判以外では事件についての交渉や契約書などのチェックを行うというのが弁護士の主な業務だ。

弁護士は2022年5月末時点で、全国で4万4101人が働いている（日弁連編著『弁護士白書 2022年版』）。弁護士は原則として、司法修習を終えて弁護士となる資格を得たうえで日弁連の弁護士名簿に登録すると活動することができる。多くの弁護士は就職活動を経て法律事務所に所属し、業務を始める。

図表1 5大法律事務所（2022年5月31日時点）

	事務所（法人名）	所在地	弁護士数（人）
1	西村あさひ法律事務所（弁護士法人西村あさひ法律事務所／弁護士法人 NISHIMURA & ASAHI 法律事務所）	東京都	633
2	TMI 総合法律事務所（弁護士法人 TMI パートナーズ）	東京都	527
3	アンダーソン・毛利・友常法律事務所（弁護士法人アンダーソン・毛利・友常法律事務所）	東京都	523
4	森・濱田松本法律事務所（弁護士法人森・濱田松本法律事務所）	東京都	522
5	長島・大野・常松法律事務所（弁護士法人長島・大野・常松法律事務所）	東京都	514

『弁護士白書 2022年版』より

事務所を規模別にみると、弁護士１人が所属する事務所がもっとも多く、約62％を占め、１万１６９事務所である。ついで弁護士２人の事務所が約18％、３番目は弁護士３〜５人の事務所で約15％となっている（２０２２年５月末時点）。

また、１０１人以上の弁護士が所属する大規模事務所が全国に11事務所ある。このうち、上位５カ所は「５大法律事務所」（５大ローファーム）と呼ばれている（図表１）。主たる事務所の所在地は東京の中心部に集中し、海外オフィスの展開も活発だ。

最近の傾向として、都市部を中心に共同での事務所経営が進んでいる。近年では所属弁護士が２人以上の事務所が増えている。

この背景には、２００２年４月から弁護士法人制度が施行され、法律事務所を法人組織とすることが可能になったことがあげられる。２０２０年３月末時点の弁護士法人の数は１３０２法人である。

法律事務所以外で働く

法律事務所以外で働いている弁護士もいる。企業に所属して会社員として働く弁護士や、国や地方公共団体、国際機関などに職員として勤めている弁護士などだ。法律の知識を活かして国会議員として立法にたずさわる弁護士もいる。

全国に広がる法サービス

日弁連は１９９９年、全国どこでも身近なところに弁護士がいて、市民の相談などに応じられるよう「日弁連ひまわり基金」を創設し、弁護士過疎・偏在対策の活動費用に当てている。

地方裁判所・家庭裁判所支部の管轄区域内弁護士が０人または１人の地域は「弁護士ゼロワン地域」と呼ばれている。２０００年４月時点では全国に71カ所あったゼロワン地域のうちゼロ地域は２０２２年10月現在、解消されており、ワン地域は２カ所となっている。

弁護士を支える人たち

法律事務所には、弁護士の仕事をサポートする事務職員がたくさん働いている。大規模(きぼ)事務所ほど人数が多く、弁護士とほぼ同数の事務職員が働く事務所もある。会社の合併(がっぺい)の案件などでは、さまざまな会社の登記簿謄本(とうきぼとうほん)(登記事項証明書)や契約書・各種規約・定款(ていかん)・関連法令を集めてコピーするなど、事務職員の仕事は山のようにある。このため、事務職員は弁護士からたいへん頼(たよ)りにされる存在だという。

広がる活躍の場

組織のなかで働く、国際的に働くなど幅広い活動を展開

急増する組織内弁護士

近年、著しく増えているのが企業や中央省庁、地方公共団体などに所属する組織内弁護士だ。その中でも、企業に所属する「企業内弁護士」（社内弁護士ともいう）は、2010年当時、全国で428人だったが、12年後には2965人と、約7倍になっている（『弁護士白書　2022年版』、図表2）。特に女性の企業内弁護士が増えており、2022年6月末時点で企業内弁護士全体の4割を超えている。

企業の一員として社会的責任を果たす

企業の弁護士というと、これまでは顧問弁護士として企業活動を外部から支える形が

図表２ 組織内弁護士数の推移

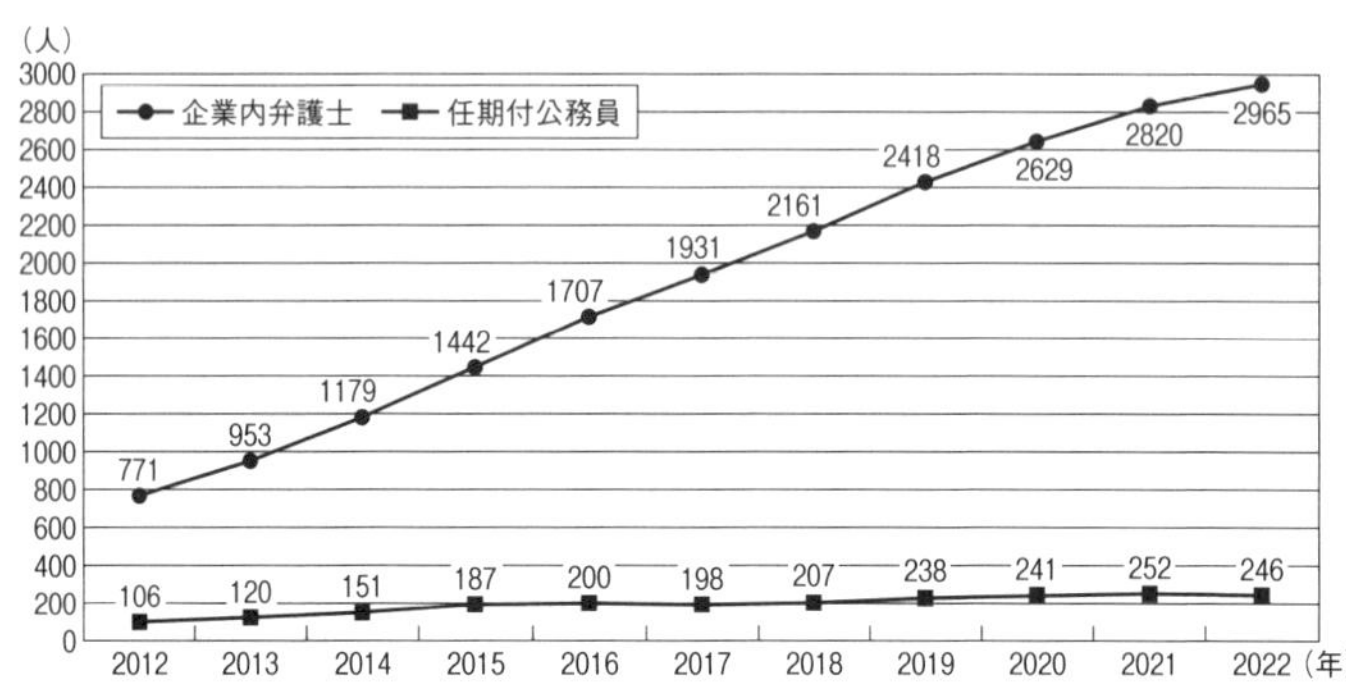

【注】１．企業内弁護士数は、日弁連データをもとにJILA（日本組織内弁護士協会）調べによるもの。
２．任期付公務員数は、日弁連調べによるもので、各年６月現在。

多かった。だが、企業内弁護士は文字通り、企業の一員として勤務しながら、法律知識を活かして企業活動に反映できるのが強みだ。社会経済活動のデジタル化やＩＴ化にともなって、法的ニーズが増大してきたためと言える。企業や団体の法令遵守、顧客や社会からの信頼に応えて誠実に事業を行う手助けをし、利益追求だけでなく、幅広い社会的責任にも応えていくという取り組みを支えている。

企業内弁護士数を業種別にみると、機械・電気・医薬品などの製造業がもっとも多く、28・５％を占めている。ついで情報・通信業が14・３％、３番目が証券・商品先物取引などの金融業などで12・２％。さらに、サービス業12・１％、銀行・保険業10・４％、卸売・小売業10・２％の順となっている。

官庁など国の組織でも勤務

一方、中央省庁や地方公共団体などに勤務する弁護士もおり、「任期付公務員」として期間を定めて勤務する場合が多い。任期付公務員は2022年6月1日時点で、中央省庁などでもっとも多いのが国税庁の28人、ついで金融庁23人、経済産業省12人、外務省及び特許庁9人の順となっている。地方公共団体でも、県庁や市町村役場で働く弁護士が目立っていて、中央省庁などと地方公共団体を合わせて全国で246人に上っている（『弁護士白書 2022年版』）。

かつて弁護士は原則として報酬のある公職を兼務することができなかったが、2004年の弁護士法改正により、公務就任の制限が撤廃され、兼職できるようになった。

「弁護士任官」などの実績

司法修習後、弁護士になり、経験を積んだ人を裁判官や検察官に登用する「弁護士任官制度」が2001年から本格的にスタートした。弁護士から裁判官になる制度は以前からあったが、より強力に推進するため日弁連と最高裁判所で協議し、新制度が発足した。

また、弁護士が民事・家事調停事件の裁判官（調停官）を非常勤で務める「非常勤裁判官制度」が２００４年１月から始まった。

さらに、判事補や検事に弁護士を経験させる「判事補及び検事の弁護士職務経験に関する法律」が成立し、２００５年４月から「弁護士職務経験制度」が施行された。

これらは、弁護士と裁判官・検察官の「相互乗り入れ」によって豊かな知識と経験を積んだ法曹を育てようという試みである。現在、弁護士１２７人が常勤裁判官を経験し、５８３人が非常勤裁判官を経験している（２０２２年10月１日時点）。

一方、判事補・検事の弁護士職務経験制度には全国からこれまでに２８６人が参加している（２０２２年４月10日時点）。

弁護士から裁判官になる道もある

包括外部監査人の就任

外部監査は、地方公共団体の監査機能に対する住民の信頼を高めるために導入された。外部監査には、包括外部監査と個別外部監査があり、都道府県、政令指定都市、中核市では包括外部監査が義務付けられている。その他の地方公共団体でも、条例を制定すれば導入できる。

包括外部監査とは、首長が毎会計年度、公認会計士など特定の個人と契約を締結し、特定のテーマについてその包括外部監査人が地方公共団体に対して行う監査制度である。包括外部監査人には、公認会計士のほか、弁護士、実務経験者、税理士も就任することができる。これまで、ほとんどの地方公共団体では、公認会計士が包括外部監査人に選任されていたが、最近では弁護士も選任されており、弁護士が選任されているのは包括外部監査人総数の17％にのぼっている。

日弁連の国際活動

日弁連は国連の経済社会理事会により承認されたNGO（非政府組織）協議資格を取得していて、国連人権理事会、国連犯罪防止刑事司法会議、国連女性の地位委員会などに代表団を派遣して、人権や司法制度などの国際的な動向の把握や、それらに対する意見表明を行っている。

また、国際協力活動として国際協力機構（ＪＩＣＡ）とも協力して、開発途上国弁護士会などへの支援プロジェクトにも参加しており、カンボジアやベトナム、ラオスなどアジア諸国を中心に専門家を派遣し、法整備の支援や人材の育成などさまざまな支援活動を行っている。

弁護士人口の増加と活動範囲

弁護士人口は日弁連が設立された１９４９年当時、全国で５８００人程度だったが、２０２２年５月末現在、４万４１０１人となった。２００６年の新司法試験制度の導入によ

社会の中で起こる多様な困りごとを手がける

り、司法試験合格者数が増えるなど、弁護士総数は２０１１年には３万人を超え、２０１８年には４万人を超えている。

日弁連の弁護士人口将来予測によれば、年間１５００人の新規法曹が輩出されるとすると、２０４７年に弁護士の総数が６万４０００人となり、ピークを迎える。それ以降は徐々に減少し、２０５９年以降は５万７０００〜５万８０００人前後で安定すると予測している。

佐熊日弁連事務次長は今後の弁護士人口についてつぎのように語る。

「弁護士人口の増加にともない、仕事の幅、活動の範囲も広がってきています。働き方の選択肢も増えています。弁護士は、活動の広がりに対応できるよう、研鑽につとめる必要があります。司法試験の合格者が２０００人台に増えた２０１０年代には、活動の広がりのスピードが追いつかず、修習終了者の就職が困難な状況だと言われたこともありました。しかし、現在は活躍の場が企業や地方公共団体などにも広がっており、就職難は解消されています」

佐熊事務次長はそう答えて、弁護士の業務の広がりについて現状を説明し、今後の見通しを語った。

ミニドキュメント 1 大規模事務所で活躍する弁護士

人と人とのかかわりが仕事の根本にある

取材先提供（以下同）

TMI総合法律事務所
関　理秀さん

約450人の弁護士が所属する事務所

関理秀さんは1981年東京都生まれ。学習院大学法学部を卒業後、成蹊大学法科大学院に入学した。2007年司法試験に合格、司法研修所に入所した（修習新61期）。2008年弁護士登録し、都内の法律事務所に入所。2013年に5大法律事務所といわれるうちのひとつ、TMI総合法律事務所に移り、さまざまな裁判や交渉にたずさわる。

現在、全国の弁護士のうち、およそ4分の1は1人で事務所を構えている。その他は複数の弁護士がいる事務所に所属しているが、このうち100人以上の弁護士が所属する事務所は十数カ所あり、大規模事務所と呼ばれている。とりわけ所属弁護士が400人を超える５つの法律事務所は「５大法律事務所（５大ローファーム）」と呼ばれている。

関さんが所属するＴＭＩ総合法律事務所も約４５０人の弁護士が所属している。東京オフィスは六本木ヒルズの高層ビル、森タワーにある。パートナー（共同経営者）のなかには個室を使っている弁護士もいるが、関さんは広いフロアの一画で何人かの同僚といっしょに働いている。

扱う案件は企業合併など

関さんに一日の主なスケジュールを聞いた。朝は午前9時ごろから始まり、毎週月曜日には9時半から原則全員参加の朝礼が行われる。弁護士約４５０人、その他の所員をあわせると総勢は１０００人を超える。

毎週の朝礼では、弁護士やその他の所員らがスピーチを行い、続いて新入所員や留学する弁護士らがあいさつなどをする。

関さんは午前10時から裁判がある場合は、9時半ごろに事務所を出る。事務所に戻ってからは、依頼者の相談対応や、会議室での打ち合わせ、裁判所へ提出する書類作成などをする。相談や打ち合わせが長引けば、夜遅くまでかかる日もある。

関さんは、大規模法律事務所に移った経緯をつぎのように語る。

「以前所属していた事務所の所長弁護士が亡くなり、弁護士2人だけになってしまった時、ＴＭＩ総合法律事務所に勤務する弁護士の方が誘ってくれたんです。いろいろ迷ったけれど、自分の力を試す良い機会だと思って移ることに決めました」

実際に入ってみた感想を聞くと、「大規模

な企業間の争いや金額の大きな事件にかかわったり、新しい分野を開拓したりすることをめざして入所してくる弁護士も多いのですが、遺言の書き方や、一般民事事件の仕事については私のほうがくわしかったりします。そこで『ちょっと関さん、相談に乗ってください』などと頼みにくる弁護士も多く、忙しい日々を送っています」と話していた。

ついで、日々の仕事の中身を聞いてみると、TMI総合法律事務所ならではの特徴を話してくれた。

「一般的に弁護士というと裁判で法廷に立って被告人の弁護をするというようなイメージをもたれていると思いますが、うちの事務所では、会社と会社が合併する時に行う、たとえば買収したい会社を調査する、知的財産権を管理するなどの企業に関する法廷以外の仕事が多いのです。企業買収の事案であれば、その会社の事業をいくらで買うか、会社の事業内容に問題はないか、従業員にきちんと給与は支払われているのか、などさまざまなことについて細かく調べなければなりません。そういう多くの作業が必要となる仕事を、チームを組んで複数の弁護士で協力して進めていけるのが、大規模事務所の強みかもしれません」

その一方、一般の民事訴訟も、依頼者から要請があれば、もちろんチームを組んで手がけていく。事務所内で扱っている仕事のさまざまな場面で、関さんのこれまでの経験が役に立っている。

採用者が増える大規模事務所

近頃は、事務所の業務拡大・海外展開など

により、大規模事務所の新人弁護士の採用人数が大きく増えている。このことについて関さんに聞いたところ、つぎのように答えた。

「昔も今も修習生の割合として、裁判官になる人と検察官になる人で1割くらいだと思い

六本木ヒルズ内にある事務所

ます。現在では、同じ割合であっても、大規模事務所の採用人数そのものが増えているため、弁護士を選ぶ傾向が強まっているように見えるのかもしれません」

　大規模事務所に採用される新人弁護士の人数や待遇は、どのくらいなのだろうか。最近の傾向を見ると、５大事務所ではそれぞれが年平均20〜30人を採用しており、採用人数の総数は１００〜１５０人になる。司法修習生は全体で約１５００人いて、そのうち１４０人ほどが裁判官、検察官になるとすると、その人数と同数ほどの弁護士が５大事務所に採用されていると見られている。

　５大法律事務所へ入所する弁護士の年収は、1年目から１０００万円を超え、経営に責任を負うパートナーになれば年収は５０００万円を突破することもあるようだ。そうした高

収入が大規模事務所の魅力のひとつとも思われるが、関さんは「収入のことばかりではないと思います。大規模事務所では、大きな事件にかかわることができ、宇宙や海外に関連する仕事など、新たな分野に挑戦するチャンスもあり、仕事の種類も多様で、やりがいがあるからでしょう」と話す。

驚きの経験も

弁護士人生のなかで刑事事件も家事事件も手がけてきた関さん。家事事件で代理人を立てて訴えてくる相手方は、依頼者の家族ということもある。事件が解決しても当事者の家族関係はその後も続いていく。依頼者が喜んでくれるだけではなく、さらに相手方も納得してくれる解決がいちばん、と考えている。以前所属していた事務所では、こんな驚きの事件に遭遇したそうだ。

夫と暮らしていた妻が夫の死後、認知症に

同僚の弁護士と打ち合わせ

なった。夫は死ぬ前、妻に対し、「貸金庫に金塊を残してある」と話していた。妻は、夫の死後、6年経って「銀行が金塊を返してくれない」と相談に来た。関さんは半信半疑だったが、手続きをして銀行に貸金庫の有無を確認した。すると、夫の貸金庫が確かにあって、袋に詰まった金塊が出てきた。3000万円相当の金塊だった。関さんは「争いごとや難しい法律問題があったわけではありませんが、時に、びっくりするようなこともあり、スリリングな仕事です」と話していた。

突き詰めていくと世界が広がる

関さんは、中高生の今から取り組めることとして、こんなメッセージを送ってくれた。

「人と人とのかかわりが根本にあるのが、法律家という仕事です。部活でもボランティア活動でも、学校や社会での活動をきちんとこなし、いろいろ経験してほしい。先生や友だちとかかわり、時にケンカもしたりして、それを克服してきてほしいですね。そうすることで、人と共感する力が培われます。また、スポーツでもなんでも、これだけは誰にも負けないというものがあると、人生が楽しくなると思います。専門的な知識を突き詰めていくと、だんだん世界が広がっていきます。私は小学生のころから鉄道ファンとして全国を回り、そこから歴史にふれる機会を意図的につくってきました。そうした経験が今の弁護士の仕事にも役立っていると思います」

関さんのいちばんの楽しみは「休日に息子といっしょに鉄道に乗り、見て回ることです」と話していた。

ミニドキュメント 2 企業内弁護士として活躍する弁護士

組織の一員として経営にも提案できる仕事

ベネッセスタイルケア
福岡充希子さん

取材先提供（以下同）

企業など組織内で専門知識を活かす

福岡充希子さんは1982年宮崎県生まれ。東京大学法学部を卒業後、同大学法科大学院に入学。2008年司法試験に合格、司法研修所に入所した（修習新62期）。2009年弁護士登録後、西村あさひ法律事務所に入所。2012年4月ベネッセコーポレーションに入社し、2017年10月には介護・保育事業を担当するグループ会社であるベネッセスタイルケアへ出向し、企業内弁護士として勤務している（2021年4月ベネッセコーポレーションに帰任）。また、日弁連では弁護士業務改革委員会の幹事（企業内弁護士小委員会所属）として活動している。

弁護士というと、裁判所の近くに事務所を

構え、主に法廷で代理人として活動する姿をイメージしている人が多いだろう。ところが最近、企業や官庁で専門知識を活かして働く弁護士が増えている。このような弁護士を「組織内弁護士」と言い、このうち企業に所属する弁護士を「企業内弁護士」と言う。

福岡さんも企業内弁護士のひとり。グループ内出向先であるベネッセスタイルケアの本社は新宿区西新宿にある。所属部署は部長以下計８人で、このうち弁護士資格をもっているのは福岡さんともう1人である。ふだんは本社に出社し、３００カ所以上の老人ホーム、60カ所程度の保育所を含む拠点などからのすべての法律相談やコンプライアンス（法令遵守）への取り組みなどを担当している。

福岡さんの一日の主なスケジュールを見てみよう。標準の勤務時間は午前9時半から午後6時半までで、定例会議では担当者が懸案の課題や業務の進行状況を上長に報告したり、相談したりする。そのほか、情報セキュリティに関する会議なども開かれる。契約書作成や海外事業を含む法律相談はもちろん、訴訟対応もとりまとめており、会社の代理人として出廷することもあるという。

仕事で重要なことは何かと聞くと、つぎのように話した。

「つねに高い専門性をもって各部の責任者や時には経営陣など、さまざまな方とふだんから密にコミュニケーションをとり、信頼を得ることが大切です。企業内弁護士は法務部門に所属する専門家というだけではなく、相手を理解して、周りに気がきくタイプの人が合っていると思います。繊細な感覚を活かしやすい職業かなと思っています」

自分が取り組みたい分野を選択

福岡さんが企業内弁護士の存在を知ったのは、大学で所属していた「法と社会と人権ゼミ」で、海外研修に参加した時だった。アメリカにあるワシントン大学のロースクールで企業内弁護士について教えてもらい、興味をもったという。

「弁護士になり、いろいろな力を活かして活動していけば、自分なりに社会に貢献できる道が見つかりそうだなと思ったのです。若い時は視野を広くもって仕事をしたいと思い、司法試験にチャレンジしました」

司法研修所に入所後、裁判官にも興味はあったものの、「弁護士のほうが自分なりに工夫してクリエーティブに仕事ができるし、最後まで当事者に寄り添える」と、最終的に弁護士を選んだ。

福岡さんは最初、大規模事務所に入ったが、3年後、現在の会社に移った。その理由をつぎのように語る。

「多くのチャンスがあるのに、自分から道を狭めたくないなと思って大規模事務所に入りました。でも、組織の外からアドバイスをするよりも、当事者意識をもって直接組織を支援したいと思うようになりました。教師をしていた両親の影響もあり、教育をメーンに事業をしている今の会社のほうが合っていると思い、転職しました」

では、実際に今の会社に入ってから、どう感じているのだろうか。

「今働いている会社は、人が生まれてから死ぬまでのライフサイクルのなかで、それぞれ

企業の部門担当者との打ち合わせ

のお客さまが人生を豊かにするため、どういったサポートができるかについて真剣に取り組んでいます。弁護士になった最初のころは、自分の仕事が最終的に社会にどのように活かされるのかわかりませんでしたが、実際に今、この会社で仕事をしてみて、社会への仕事の還元についてイメージがもてるようになりました」

企業内弁護士ならではの特徴

さらに、企業内弁護士と組織外の顧問弁護士の違いについて聞いてみた。

「顧問弁護士はさまざまな会社を俯瞰的、横断的に見てアドバイスをすることができるため、その立ち位置は重要だと思います。その一方、企業内弁護士は組織の一員として仕事をしているので、当事者意識が高いと思います。担当者の段階から主体的に事業をサポートし、最終的には経営判断に結びつくようなことを提案できるので、重みもあるし、当事者に近いところで仕事ができているという実感があります」

企業内弁護士は２０１０年当時、全国で４２８人だったが、10年後の２０２０年には２６２９人へと、約6倍に増えている（『弁護士白書　２０２０年版』）。

企業内弁護士として働いてみて、やりがいを感じたことについて聞いた。

「企業内弁護士は当事者性をもって、組織の中で長期間にわたり仕事をするので、みずからがかかわる案件のごく発端から事業開始、その後の最終的な展開まですべてをつぶさに見届けることができます。これは大きなやりがいです。たとえば、ほかの会社と共同で、

東京地方裁判所立川支部の前で

時には新しく会社を設立し、両社の強みを活かして新しい事業を行うサポートをすることもあります。最初のキックオフから、関係各部門と密にコミュニケーションをし、いろいろな可能性をクリエーティブに検討する中で、早期にリスクや規制などの検討を行います。早い段階で積極的に案件にかかわることで、後の進行をスムーズにすることができます。他社との共同事業では、自分の会社の言い分を踏まえながら相手の立場も理解し、最終的な落としどころを見極める交渉力も試されます。重要な局面では、その都度、経営にかかわる方々へしっかりと報告、相談をし、承認を得ながら進める必要があります」

これからも活躍できる法律家として

最後に、中高校生向けに、仕事をしていくうえでのメッセージを語ってもらった。

「今はグローバル化・少子高齢化・ＡＩなどの技術革新が進み、また、コロナ禍や温暖化にともなう極端な気象現象も続いていて、不確実性が高い時代です。こういう時こそ、汎用性があって論理的に考える力が試され、その力を活かせるのが法律家という仕事だと思います。ベーシックな考え方が養われ、生きる力が湧いてくる職業なので、混沌とした大変な時代の中であっても自分を奮い立たせてくれる魅力があります。できれば司法試験をめざしていただき、資格取得をベースに自分に合ったフィールドで活躍してもらえればと願っています」

みずからの体験を踏まえ、後輩たちに熱いエールを送ってくれた。

相談相手に寄り添い解決策を考える

法テラス東京法律事務所
藤原 愛さん

無料法律相談をする「法テラス」

藤原愛さんは1984年兵庫県生まれ。大阪大学法学部を卒業後、早稲田大学の法科大学院に入学。卒業後の2014年司法試験に合格、司法修習を受けた（修習68期）。2016年法テラス常勤弁護士に。兵庫県にある法律事務所を皮切りに、法テラス安芸法律事務所（高知県）を経て2020年から法テラス東京法律事務所に勤務。

「法テラス」は、「法で社会を明るく照らす」という願いを込めて設立された日本司法支援センターの通称だ。2006年4月に総合法律支援法により設立された公的な法人だ。

法テラスの主な業務は、電話やメールで法制度に関する情報を提供するほか、経済的に余裕のない人に対し、無料で法律相談を行う。弁護士、司法書士の費用などの立て替えも行っている。また、高齢者や障害者に対しては、本人の代わりに福祉機関等が申し入れをしてきた場合でも出張法律相談を実施している。

法テラスの本部は東京都にあり、各都道府県の県庁所在地などに事務所が103カ所ある。そして一部の事務所には1名ないし数名の弁護士が常勤している。

藤原さんが勤務している法テラス東京法律事務所は、JR四ツ谷駅の近くにある。

藤原さんにまず、弁護士を志望した理由を尋ねると、つぎのように答えた。

「裁判官や検察官はどうしても組織の一員として仕事をする面がありますが、弁護士は依頼者から弁護士個人として依頼を受ける場合がほとんどです。自分の判断がダイレクトに結果に響くところに魅力を感じました。迷いはなかったです」

なぜ法テラスを選んだのかと聞くと、「弁護士としての実務能力がしっかり身につきそうだと思ったからです」と話した。

「法テラスに所属して1年目は、法テラスが依頼した一般の法律事務所で養成を受けます。1年間先輩方の下で実務の経験を積んだあと、全国各地の法テラスの法律事務所に赴任します。一般的に、若手の弁護士が法律事務所に入所したさいは、先輩や上司にあたる弁護士から指導を受けながら事件を処理することが多いと思います。しかし、法テラスの法律事務所ではほとんどの場合、1つの事務所に弁護士は1〜2名しかいません。仕事は個々人が受けて、個々人の責任で処理します。このような環境であれば緊張感をもって仕事が

経験豊富なベテラン弁護士に相談できるのも魅力

でき、力がつくと思いました」

依頼者の困りごと相談からスタート

藤原さんの仕事内容は、一般の弁護士と同じく、法律相談、及び依頼を受けた法律事務の処理などだ。

「依頼者から『お金を貸したけど、返してくれない』などの困りごと相談を受け、弁護士の助けが必要な事件だと判断した場合は、依頼を引き受けます。事件は個々の弁護士で処理しますが、同僚や先輩からアドバイスをもらって進めることもあります。法テラスは全国に弁護士仲間がいますので、めずらしい事件でも誰かが似たような事件を経験していています。非常に心強いです」

一日の主なスケジュールを聞いた。

「日によって異なりますが、朝、予定がない時は事務所に出勤してメールを確認します。その他、電話の対応をすることもありますし、裁判所に提出する書類の作成や事件の前提となる事情の調査をすることもあります。事務所の電話受付は午後5時までですが、その後も仕事はしています。ただ、遅くなった場合でも午後9時までには家に帰っています」

　今まで受けた仕事の中で大変だったことを教えてもらった。

「兵庫、高知、東京で相談が多かったのは破産や離婚の事件です。破産を申し立てる場合、裁判所に対して、申立人の財産や収入、借金をつくった経緯を明らかにしなければなりません。借金をすべて免れさせてください、という申し立てをするのですから、債権者のみなさんに納得してもらうためにはていねいな説明が求められるのです。しかし、かなり長いあいだお金の貸し借りをくり返してきた方は、はじめに何がきっかけでお金を借りたのか、記憶があいまいな場合も多くあります。そのような場合は、債権者から取り寄せた資料をもとに、依頼者と過去の記憶をさかのぼる作業をしなければなりません」

　離婚事件のなかでも、物を投げたり暴力をふるったりといったＤＶがあった夫婦の場合は注意が必要だそうだ。

「ＤＶ事件で被害を受けた妻から相談を受ける場合、すでに家から逃げて夫に現住所を隠している状態で相談にいらっしゃることがあります。このさい、依頼者である妻の情報管理には非常に気を使います。円満な離婚をめざしているのに、弁護士が提出した書類などから情報がもれて傷害事件に発展してしまったなどということは避けねばなりません」

どう解決するかを苦慮

藤原さんは、日々の仕事では、どういう点に気をつけて活動しているのだろうか。

「困りごとの相談を受けた時、事件として成り立つかどうか、を常に考えていました。裁判をしても認めてもらえない主張であると判断した時は、相談者にそのように伝えます。ただ、それでも弁護士が介入したほうが良いと思われる事件はあります。その場合は、依頼者に厳しい見通しを伝えつつ、事件が解決に向かうよう依頼者といっしょに試行錯誤することもあります」

法テラスの給料など待遇面はどうなのだろうか。

「私たち法テラスの弁護士の給与は、法テラスからいただくものだけです。一般の弁護士のように、1つの事件のたびに報酬をもらうわけではありません。このため、依頼者の報酬未払いにやきもきしたりすることなく、依頼者の抱える問題の解決に集中することができます」

依頼者の困りごとの相談に乗る

可能性を模索して視野は広く

これからの自身の夢について尋ねると、こう話してくれた。

「法テラスで働き続けている弁護士には、重大な刑事事件にかかわったり、興味のある分野にとことんかかわり海外にまで活躍の場を広げている人たちがいます。法テラスの法律事務所で働いたことでその土地になじみ、その後、そこで開業したり、海外のＮＧＯに参加したりという人もいます。私自身、弁護士として何に注力していきたいかを現在、模索しているところです。法テラスに所属しながら実現していくのが良いのか、外に飛び出していくのが良いのか、考えているところです」

藤原さんに、弁護士にはどのような人が向いていると思うか聞いてみた。

「子どものころ、学校のルールや社会のルールに対して、どうしてこんな決まりがあるんだろう、と疑問に感じて調べようと思ったことのある人は、弁護士に向いているかもしれません。ルールがあるということは、ルールが作られた理由があるということ。ルールが作られた理由って、とても大事なんです」

さらに、弁護士に興味がある人に向けてアドバイスしてくれた。

「弁護士の仕事を見てみたい学生さんは、ご連絡をいただければお話ししますよ。裁判の傍聴は誰でもできますが、それを見ているだけでは、仕事へのイメージが湧かないと思います。そんな時は、お気軽にご連絡ください！」

法律事務所というと、堅苦しいイメージをもたれがちだが、法テラスは身近で親しみやすいところが特長だろう。

生活と収入

事務所に所属するか、独立か自分しだいで変わる働き方

勤務形態と勤務地

弁護士は、裁判官、検察官と違って転勤がほとんどない。しかも、多くの法律事務所は東京、大阪、愛知などの都市部に集中している。

一方、弁護士が少ない地域では、住民が法的な紛争に巻き込まれても、適切な法的サービスを受けられないという事態も起こりかねない。また、弁護士にとっても、遠方に出張して住民の相談に応じなければならない場合も出てくる。

弁護士の少ない地域では、日弁連が支援するひまわり基金法律事務所や、国が設立した日本司法支援センター（「法テラス」）の司法過疎地域事務所が法的サービスを提供しており、それらの活躍の場は全国に広がっている。

なお、69ページで紹介したような「弁護士ゼロワン地域」と呼ばれる地域で弁護士が独立開業するさい、一定の要件を満たす場合には、日弁連が開業資金や運営資金を支援している。

増える女性弁護士

女性弁護士の数は年々増えていて、２０２２年５月末現在、８６３０人となっている。１９９０年には７６６人だったため、この32年間に11・３倍になっていることとなる。

男女比を見ると、女性の比率は１９９０年には５・６％だったが、２０１０年には16・２％に、２０２２年には19・６％に増えており、32年間で３・５倍に増えている。

年齢別に女性の比率を見ると、20代は22・８％、30代は22・９％、40代は23・１％、50代は21・０％となっている（２０２２年５月31日時点）。

一方、法曹三者で２０２２年の女性比率を比べると、裁判官は28・２％、検察官は26・４％である。

収入・所得

弁護士の収入・所得は『弁護士白書 ２０１８年版』に掲載されている。日弁連が弁護

図表3 弁護士の収入・所得の経験年数別一覧

経験年数	収入（万円）	所得（万円）
5年未満	735	470
5年以上10年未満	1,550	792
10年以上15年未満	2,237	1,078
15年以上20年未満	2,962	1,334
20年以上25年未満	3,469	1,307
25年以上30年未満	4,699	1,601
30年以上35年未満	3,884	1,604
35年以上	3,312	1,321

数値はすべて平均値　　『弁護士白書 2018年度版』より

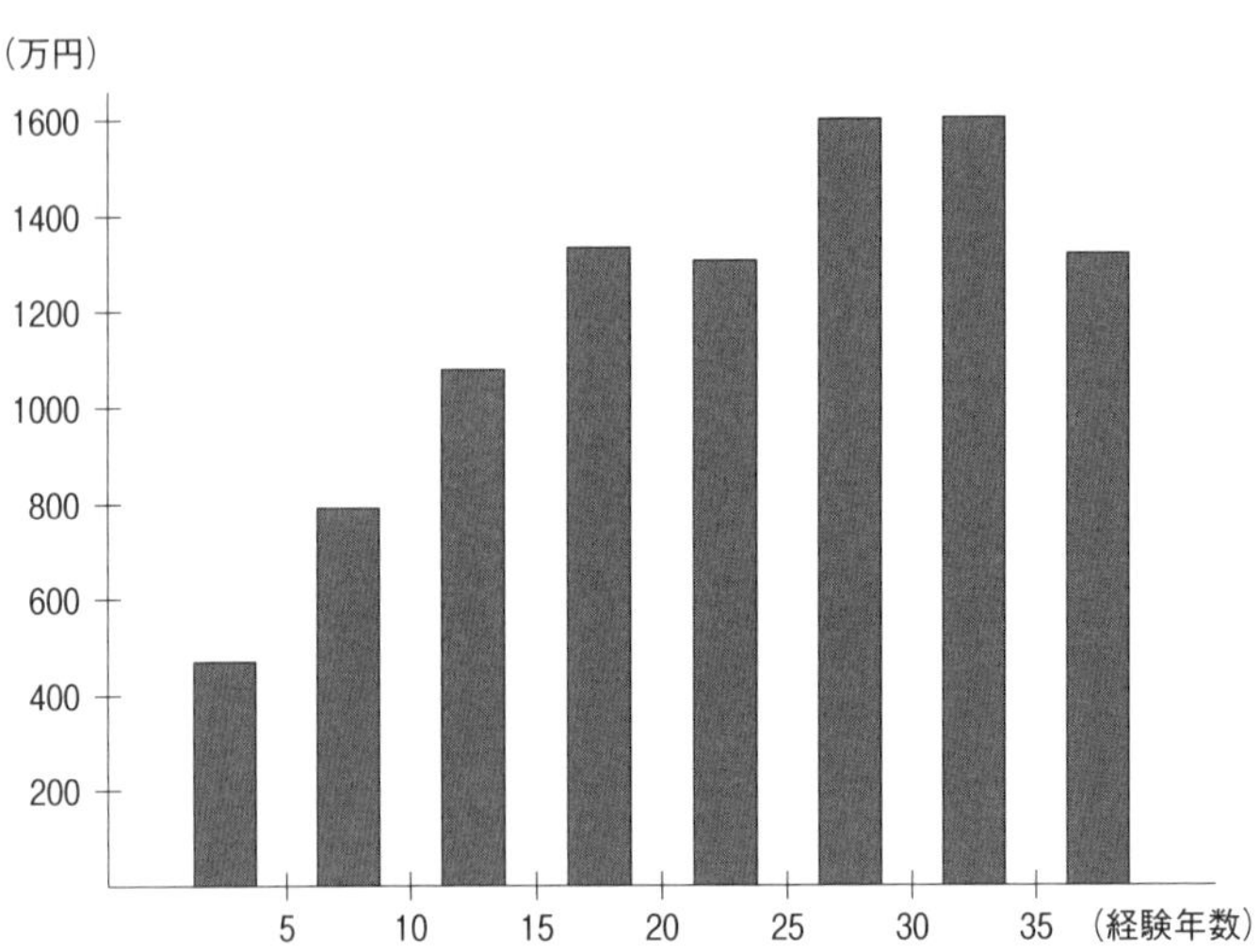

士にアンケート調査し、約２４００人から回答が得られた。弁護士の収入から経費を差し引いた所得の平均値を割り出した（図表３）。

それによると、経験５年未満の所得は４７０万円、５年以上～10年未満の所得は７９２万円、10年以上15年未満は１０７８万円、15年以上20年未満は１３３４万円、20年以上25年未満は１３０７万円、25年以上30年未満は１６０１万円、30年以上35年未満は１６０４万円、35年以上は１３２１万円だった。

弁護士の年収は所属している法律事務所・業務内容によってさまざまである。日弁連の資料には無いが参考までに紹介すると、就労１年目から年収１０００万円を超え、経営に責任を負うパートナーだと年収は５０００万円を上回るといわれているような事務所もある。年収５００～６００万円からスタートする弁護士もいるが、最近は３～５年で独立するケースも増えている。

弁護士は収入に限らず、仕事をする場所、業務の内容、ワークライフバランスの取り方など自分に合った働き方を選んでいる。

弁護士のこれから

変動する社会環境に挑み続ける

弁護士を取り巻く環境

法曹三者の中でも近年、様変わりしているのは弁護士を取り巻く環境である。まず、大きく変わったのは、弁護士数の増加である。新司法試験制度が２００６年に導入され、合格者がさらに増加した時期もあったが、２０１６年以降合格者は約１５００人程度となり、そのうち約１０００人が修習終了直後に弁護士になっている。

その結果、わが国の弁護士総数は２０１１年に３万人に達し、２０１８年には４万人を超えている。諸外国と比べると、フランスの約７万人に近づいている。

第二の変化は、弁護士の活動範囲が広がり、企業や中央官庁、地方自治体などで働く弁護士が増えたことだ。なかでもニーズが高まっているのは、企業に所属して職務を行う

「企業内弁護士」だ。2010年には400人程度だったが、2020年には約6倍に増えている。

第三の変化は、弁護士経験者が裁判官や検察官になることができる「弁護士任官制度」が本格化していることだ。また、判事補、検事が弁護士を経験する制度も施行され、「相互乗り入れ」が進んでいる。

こうした変化は、社会構造の複雑化にともない、弁護士の活動範囲が広く社会に広がってきたためだろう。これにより、弁護士が社会的責任を果たすべき場面が増大するとともに、社会正義を実現する公共的責任も、いっそう求められているといえよう。

社会から信頼される存在に

弁護士の社会的、公共的責任が増大すればするほど、弁護士を見る社会の目は厳しくなってくる。大事なことは、弁護士としての義務と倫理をきちんと守り、行動していくことだろう。

弁護士に対する市民からの苦情申し立ては、2019年の全国累計が約1万5000件で、その内訳は、多いものから順に「弁護士の対応・態度など」「処理の仕方」「処理の遅れ」「報酬」であった。

また、２０１９年には、95件の懲戒処分が出された。その内訳は除名1件、退会命令7件、業務停止25件、戒告62件だった。処分件数は２００４年以降、増減をくり返しているが全体として、やや増加の傾向にある。

弁護士は訴訟代理のほか、一切の法律事務を行うことができる。弁護士でない人が報酬を得る目的で法律事務を取り扱うことは法律で禁止されている（法律に特別の定めがある場合を除く）。弁護士の資格を得れば、やりがいのある未来が開けることは間違いない。それだけに、重い責任を負っており、社会から信頼される存在でなければならない。

3章

なるにはコース

適性と資質

専門職としての自覚をもち質の高い業務を心がける

複雑化する時代の弁護士

法曹三者の約9割を占める弁護士は、年々、人数が増えているうえ、社会経済情勢の複雑化にともない、活動範囲が広がっている。こういう時代に、弁護士に求められる適性や資質は何だろうか。そこで、弁護士歴20年のキャリアがあり、日弁連事務次長を務めたことがある奥国範さんにインタビューし、適性と資質について聞いた。奥弁護士は1974年生まれ。慶應義塾大学法学部を卒業し、2000年司法研修所に入所（修習54期）。翌年、弁護士登録した。現在、金融法務をはじめとする企業法務中心の法律事務所を共同で経営している。

求められる5つの能力

奥弁護士はまずはじめに、「弁護士に求められる5つの能力」を紹介してくれた。これは、日弁連法務研究財団が立ち上げた「法曹の質」研究会で、太田勝造氏が中心になってまとめた報告書のなかに記載されている能力だ。２００６年度に文書化されたもので、奥弁護士もその後の検証調査の調査員として関与している。弁護士の技能、価値観などに関しての指標となる要素が示されていて、弁護士の職務と、専門職としての在り方について論じられている。

５つの能力は以下の通り。

①人格識見に関する能力
②法実務に関する能力
③法創造・立法に関する能力
④独立自営のプロフェッション（経営）に関する能力
⑤公益活動への意欲と能力

専門職としての構成要素

具体的には、①人格識見に関する能力として、豊かな人間性や感受性、柔軟な思考力、すぐれた判断力、人権感覚と高い倫理観及び自己研鑽の意欲をあげている。②法実務に関する能力は、法的基本知識、事実に要件・効果をあてはめて法的判断を行う能力、依頼者への聞き取り能力、事実や証拠を探し出す能力及び相手方との和解交渉も含む交渉能力をあげている。③法創造・立法に関する能力については、問題解決策を構想し、法的ルール化する能力、最新の法

弁護士個人個人が専門職としての自覚をもつことが重要　奥国範さん提供

令・判例・学説を学び続ける能力、問題発見能力、社会問題への嗅覚及び既存の法・法制度を批判的に分析する能力としている。さらに、④独立自営のプロフェッションに関する能力については、プロフェッション（専門職）としての経営力をあげている。事務所の運営能力や依頼者・顧客獲得能力のことだ。最後に、⑤公益活動への意欲と能力に関しては、弁護士会活動への意欲と能力、そしてプロボノ活動への意欲と能力をあげている。プロボノ活動とは専門スキルを活かしたボランタリーな社会貢献活動のことだ。

ミニドキュメント 4 めざす人へのメッセージ

ありとあらゆるところに関与する弁護士が目標

奥・片山・佐藤法律事務所
奥 国範さん

取材先提供（以下同）

想像し解決する力が重要

――105ページであげた5つの能力に何かつけ加えることがありますか。

私自身からは、弁護士としての必要な能力をひとつあげろと言われたら、「イマジネーション」と答えます。過去に起きた問題を解決しなければいけないので、依頼者と相手方の言い分が異なる中で自分が経験していない過去に何が起きたのかを推察しなければなりません。また、現在、依頼者が何を求めているのか、相手方が何を要求しているのか、どこに決着点があるのかなど、さまざまな視点から想像することもイマジネーションです。

さらに、過去に起きた問題だけでなく、今後何が起きるのかを想像して予防的に解決していく力が契約書作成などの場面で発揮されます。弁護士には、常にイマジネーション能力が求められていると思います。

「弁護士は経験だ」と言われることが多く、私も若いころは経験が重要で、これを補うものがイマジネーションだと思っていました。でも、ある時、その考えは逆だなと気づいたのです。今では法科大学院の学生たちに「経験が重要と言われることがあるが、イマジネーションが最重要だ。過去に経験を積んでいれば想像しやすくイマジネーションを補ってくれるので、経験が大事ということは変わらないけれど、ほんとうに大事なのはイマジネーションだ」と話しています。

――若い人に向けて、その他に何か伝えたいことがありますか。

「弁護士に求められる5つの能力」の1番目にあげた「人格識見に関する能力」が大事です。弁護士は何のためにいるのかと考えると、当事者の気持ちに寄り添って問題を解決するには、人の気持ちに共感できるかどうか、依頼者や関係者がなぜそうしたのかを想像できるということがとても大事だと思います。あらゆることに興味・関心をもってもらいたいなと思います。

積極的に活躍する若い世代

――若い弁護士の仕事ぶりはどうですか。

今の若い弁護士を見ていると、新しいことに挑戦する気概のあるとてもアグレッシブな人が多いと感じます。昔の弁護士のなかで、アグレッシブな人が1割程度だとすれば、今は3割くらいいるイメージでしょうか。

また、今の若い弁護士は非常に真面目に業

務に取り組んでいるという印象です。ただ、依頼者の気持ちに一生懸命寄り添おうとするあまり、依頼者と同化してしまうのではないかと懸念する場合が多少あります。

――最近、女性弁護士が増えていますが、先輩としてどう見ていますか。

弁護士としての仕事について、性別ではあまり違いを感じないです。ただ、女性の弁護士がもっと増えたらいいなと思います。性的問題に関する事件の場合など、依頼者から見ると弁護士の性別が重要と感じる場合があります。われわれ法律家としては関係ないと思っても、依頼者にとってはとても大事なことなのです。司法試験合格者が男女同数程度というのが理想です。

弁護士が仕事をするうえで、法的な知識を備えつつ、何が必要なのかを勘案して主張していく作業を行うのに、男女の差はありません。働き方の面では、徹夜をしなければいけないという時も場合によってはあるとは思いますが、これも性別には関係ありません。仕事も家庭もチームで対応するような社会になっていけば、男女変わらず活躍できる職業ですし、男女変わらず活躍しなければいけない職業だと思っています。

広い視野をもち各分野と連携したい

――弁護士の活躍の場が広がっていますが、今後さらに増えそうですね。

結論的に言ってしまえば、ありとあらゆるところに弁護士が関与しているのがいいと思っています。企業不祥事に関する第三者委員会でも、今では必ず弁護士がひとり以上は入るようになっています。行政のさまざまな

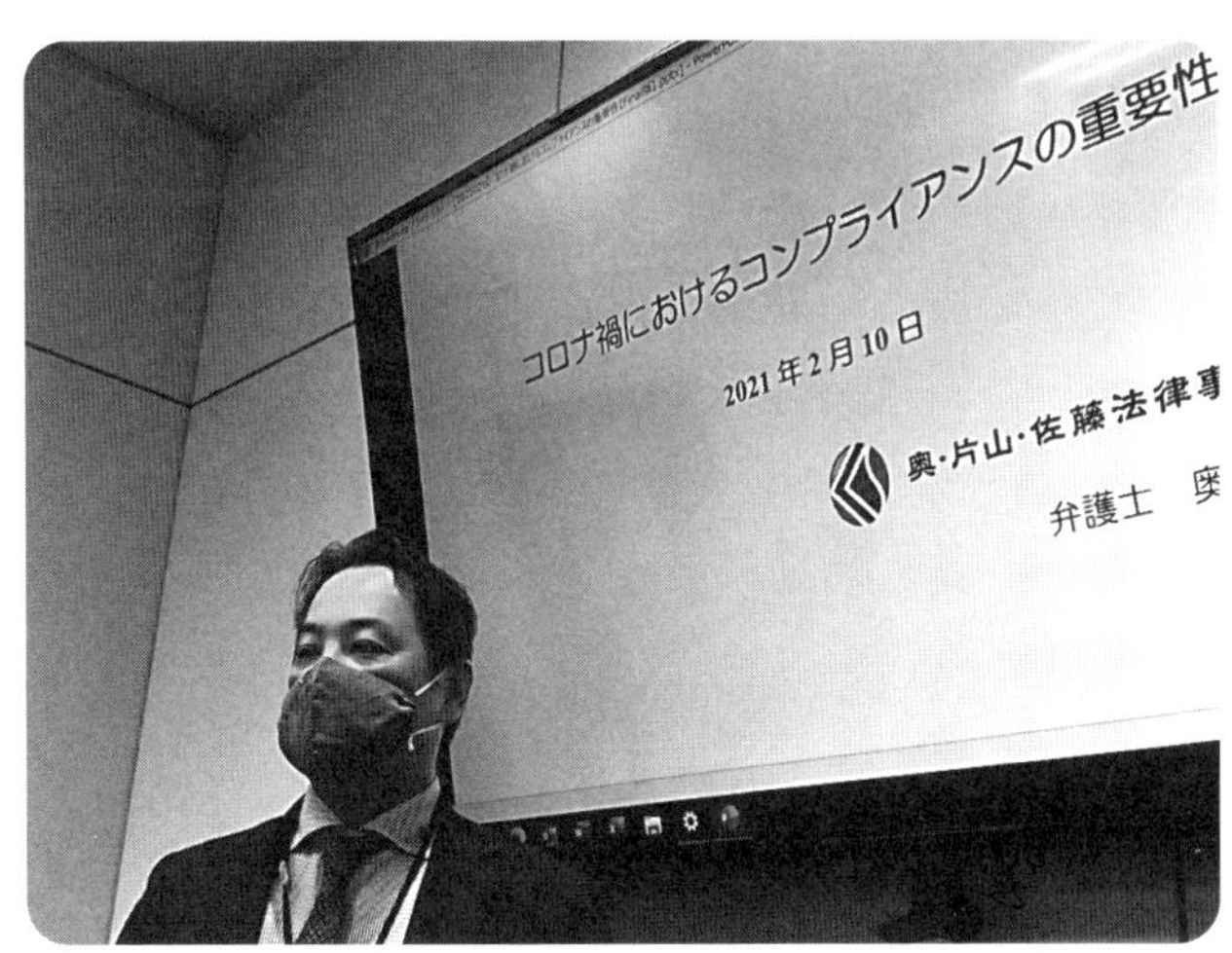

コロナ禍での取り組みも踏まえて行った講演

審議会や有識者会議でも、今では弁護士が不可欠になりつつあります。会社のガバナンス（経営体制）に関しても「弁護士を」という社会要請の流れはできています。しかし、実際にはまだまだ足りないと言われているので、このような社会の要請に応えるためにも、もっと弁護士の関与を広げていく必要があると思います。

学校分野においても、弁護士を活用できればいいのではないかと思っています。いわゆるスクールロイヤーの活用を、いっそう広げられるとよいです。学校現場にはさまざまなニーズがあるので、さまざまな形態で弁護士が関与していくことができればいいなと思います。学校の受け入れ体制の問題もあるので、まずは弁護士への相談から始めるのがいいと思います。

――弁護士にとって大きな課題だと考えていることはありますか。

高度経済成長時の労働問題のように、法律で解決するというコンセンサスを確立するまでに長い道のりがかかったものがありますが、どんなことに関しても法的な観点が必要だという意識をもつような社会に変えていく必要があると考えています。

さらに今、社会問題が複雑化しているなかで、弁護士自身がひとつの事象に多面的な法律問題が存在することを強く意識して対応していかなければいけないと思います。たとえば、外国人の問題だと、特定技能と呼ばれる就労資格での受け入れが始まっていますが、実際に日本で生活するとなると、福祉の問題も教育の問題も出てきます。それをバラバラに切り取るのではなく、ひとりの外国人が日本で生活者として暮らすことにどんな課題があるのか、広い視野で見ていく必要があります。今は福祉の方たちとの連携を深めていくことが、われわれ弁護士の課題だと思っています。そういう意味では、弁護士は、法律の知識だけではない、多様な知見を有する人として活躍していく必要があります。

弁護士がもっと増えてほしいと思いますが、誰でも取れる簡単な資格になってしまうというのは本来的ではないと思っています。私は、3回目で司法試験に受かっていて、当時としてはそんなに遅くありませんでしたが、2回の不合格は、いい意味で挫折感を味わった貴重な経験でした。

後輩たちが向かう先を支援したい

――自分の子どもにも司法試験を経験させた

いと思いますか。

私には中学生と高校生の息子がいますが、自分としては、まったく思わないです。身近に弁護士という職業の実体験を持った人間がいるので、もっとほかの経験を求めると良いのではと思います。ただ、本人が希望するようであれば、止めることまではしません。

――今後の目標はなんですか。

弁護士向け業務支援アプリ

弁護士業界は今、ひとつの大きな転機を迎えているように感じています。弁護士の守備範囲が広がった分だけ、どこをめざすべきか戸惑っている後輩たちが増えているのではないかと思います。そういった後輩たちの支援をしながら、社会のさまざまな課題に向き合っていきたいと思っています。

また、最近では、弁護士会で企画して業務支援のためのスマートフォンアプリケーションも企画制作しました。弁護士に限らず、一部のコンテンツが無料で使用できます。こうしたツールも駆使しながら業務を効率化できるといいのではと考えています。

法曹資格の取り方

法科大学院修了後か予備試験後に受験かを選ぶ

司法試験の突破をめざす

弁護士をめざすには、まず司法試験を突破しなければならない。司法試験を受験する場合、大学卒業後、法科大学院（ロースクール）へ進学し、2年または3年学ばなければならない。

その一方、法科大学院へ進学せず、またはその在学中に予備試験を受けて司法試験の受験資格を得る道もある。自分がおかれている環境や性格を考えて選択する必要があるだろう。

司法試験の内容は実務的である。法務省によると、思考力、分析力を判断する試験という。

試験は４日間、約20時間にわたって行われる。初日から３日目までは論文試験（民事系、刑事系、公法系の３科目と選択１科目）、４日目はマークシート式の短答式試験（民法、刑法、憲法の３科目）というスケジュールだ。論文試験の選択科目は倒産法、租税法、経済法、知的財産法、労働法、環境法、国際関係法（公法系）、国際関係法（私法系）の８科目のなかから１科目を選択する。司法試験は、法科大学院修了または予備試験合格後、５年間で５回までしか受験できない決まりである。

これまでの司法試験合格者数の推移については図表４を、司法試験受験者や司法試験予備試験受験者の状況などは図表５、６、７を見てほしい。

法科大学院を修了して受験

法学大学院の標準就学年限は３年だが、法学既修者と認められれば２年で修了することもできる。法学部以外の卒業生でも、十分な法律知識を身につけていれば既修者として扱われる。

図表4 司法試験合格者数の推移

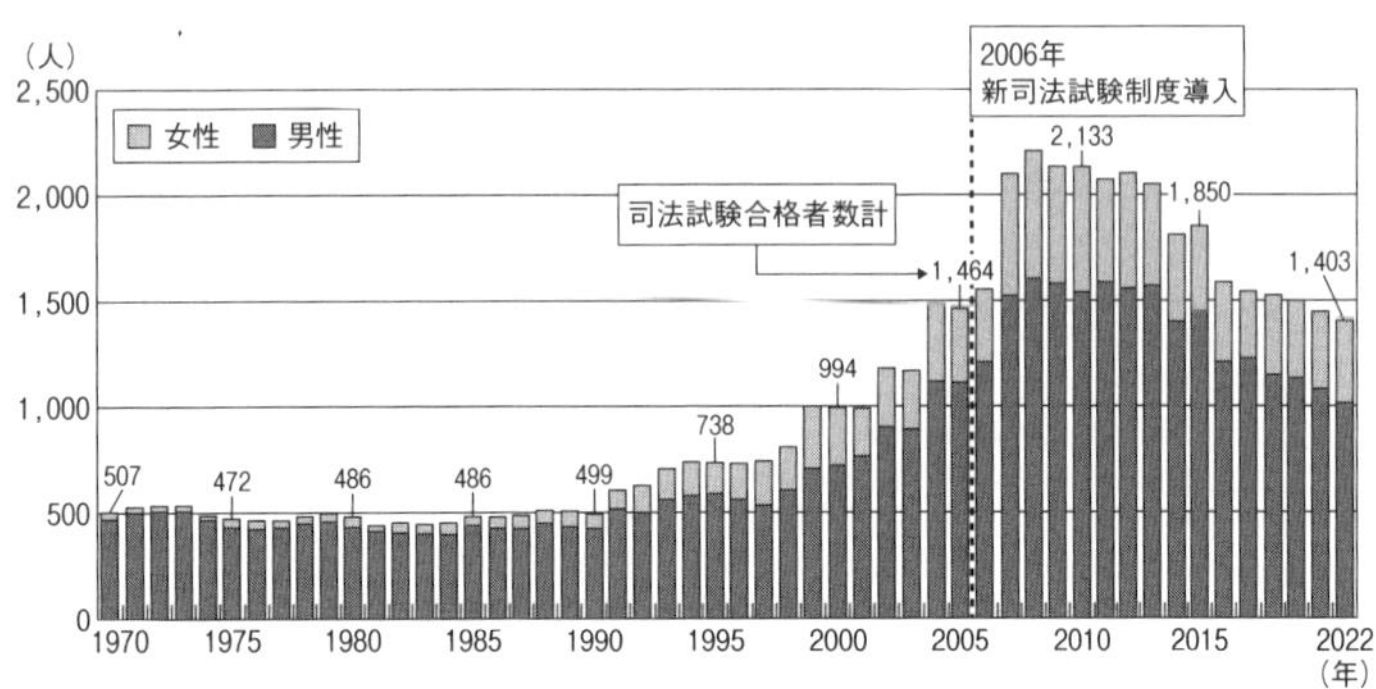

【注】1．2006年から2011年の合格者数は、新司法試験及び旧司法試験の合計数、2012年以降は、新司法試験による合格者数（法務省公表資料による）である。
2．2006年から開始された新司法試験と並行して実施されてきた旧司法試験は、2011年の試験を最後に新司法試験に一本化された。2011年の旧司法試験は、2010年の第二次試験筆記試験に合格した者に対する口述試験に限り実施され（2011年4月）、合格者は6人であった。なお、旧司法試験の終了にともない、2012年から「新司法試験」は、「司法試験」となっている。
3．2022年の合格者1,403人のうち、395人は予備試験を経た合格者である。

『弁護士白書 2022年版』より

法学部内に法曹コースの創設

法科大学院進学を前提に大学法学部を３年で卒業できる「法曹コース」が、２０２０年度に創設された。大学にもよるが、法学部の学生であれば、おおよそ2年次に選択でき、最短３年で学部を卒業し、特別枠で法科大学院に進学する。他大学の法科大学院への進学もできる。２０２３年度から、条件を満たせば法科大学院の最終学年時に司法試験を受験できるようになった。

法科大学院在学中の受験と法科大学院教育との両立を図るため、司法試験は２０２３年度から7月中・下旬に実施する。司法試験合格者が進む司法修習も、法科大学院修了時期と接続するように考慮されて3月の開始となる。

この結果、大学入学から法科大学院を経て法曹になるまでにかかる期間は、最短で6年となり、従来の大学を通常の4年で卒業し、法科大学院を経て司法試験に臨むルートより2年短縮される。

予備試験を経て受験

予備試験は、法科大学院を修了しなくても司法試験の受験資格が得られる仕組みだ。

予備試験では、短答式、論文式、口述試験の3つの試験がある。合格者は、合格した翌年の4月1日から5年を経過するまでの期間に限り、司法試験を受験できる。

判例などの学習は不可欠だ

予備試験には年齢や最終学歴の制限がないので、一般の学生でも早期に受験して合格すれば、法科大学院に入らずに司法試験を受けられる。

最近の司法試験の状況

２０２３年の司法試験受験者は３９２８人で、合格者は１７８１人だった。前年に比べ合格者は３７８人増え、７年連続で減少していた合格者数が８年ぶりに増加した。合格率は45・34％。合格者の内訳は男性１２５７人、女性５２４人で、平均年齢は26・6歳。最年長は66歳、最年少は19歳だった。

合格者のうち、法科大学院修了者は８１７人で前年から１９１人減り、合格率は32・61％だった。それに対し、今回から受験が認められた法科大学院在学者１０７０人の合格率は59・53％で、修了者を大きく上回った。

一方、法学大学院を修了せずに受験できる「予備試験」を経た合格者は３２７人で、前年から68人減った。合格率は92・63％だった。

政府は２０１５年から合格者数の目標を「１５００人程度」としていて、今回は４年ぶりに目標を上回った。

在学者の受験を認める仕組みは２０１９年の制度改正で導入が決定し、今回はじめて実

図表5 司法試験受験状況

	2020年			2021年			2022年		
	総数	男性	女性	総数	男性	女性	総数	男性	女性
出願者（人）	4,226	2,996	1,230	3,754	2,601	1,153	3,367	2,311	1,056
受験者（人）	3,703	2,641	1,062	3,424	2,366	1,058	3,082	2,107	975
合格者（人）	1,450	1,083	367	1,421	1,026	395	1,403	1,014	389
合格率	39.2%	41.0%	34.6%	41.5%	43.4%	37.3%	45.5%	48.1%	39.9%

【注】１．法務省公表資料をもとに、日弁連が作成したもの。
２．合格率は、受験者数に対する司法試験の合格者数の割合である。

図表6 司法試験予備試験の受験状況

	2019年			2020年			2021年		
	総数	男性	女性	総数	男性	女性	総数	男性	女性
受験者（人）	11,780	9,066	2,714	10,608	8,209	2,399	11,717	8,941	2,776
合格者（人）	476	391	85	442	367	75	467	365	102
合格率	4.0%	4.3%	3.1%	4.2%	4.5%	3.1%	4.0%	4.1%	3.7%

【注】法務省公表資料によるもの。

図表7 司法試験予備試験合格者の司法試験受験状況

	2020年			2021年			2022年		
	総数	男性	女性	総数	男性	女性	総数	男性	女性
受験者（人）	423	347	76	400	330	70	405	321	84
合格者（人）	378	313	65	374	308	66	395	313	82
合格率	89.4%	90.2%	85.5%	93.5%	93.3%	94.3%	97.5%	97.5%	97.6%

【注】法務省公表資料によるもの。

図表５、６、７はすべて『弁護士白書 2022年版』より

施された。そのほか、大学法学部の法曹コースと、法科大学院を計5年で終えるルートもつくられた。学費などの負担を減らすとともに、法曹資格を得るまでの期間を短縮し、志望者を増やす狙いがある。これにより、法曹志望者は最短で2年早く法曹になれることになった。

司法研修所での司法修習

弁護、検察、裁判の実務の基礎を身につける

「導入修習」「集合修習」、そして「実務修習」

司法試験に合格すると、司法修習生として1年間、司法修習を受ける。修習は例年9月の合格発表から3カ月後の12月に埼玉県和光市にある司法研修所で始まる。

まず「導入修習」が約3週間行われる。実務修習をより効率的に行うため、実務の基礎を築くのが目的。修習生全員が法律実務のイロハを教わる。

続いて、修習生は全国51カ所の修習地に移動し、民事裁判、刑事裁判、検察、弁護の4分野に分かれて約2カ月間ずつ、「分野別実務修習」を受ける。弁護修習では、個別指導弁護士の下で法律相談や法廷などに立ち会ったり、法律文書を起案して講評を受けたり、弁護士会の活動を体験したりする。

図表8 司法修習の流れ

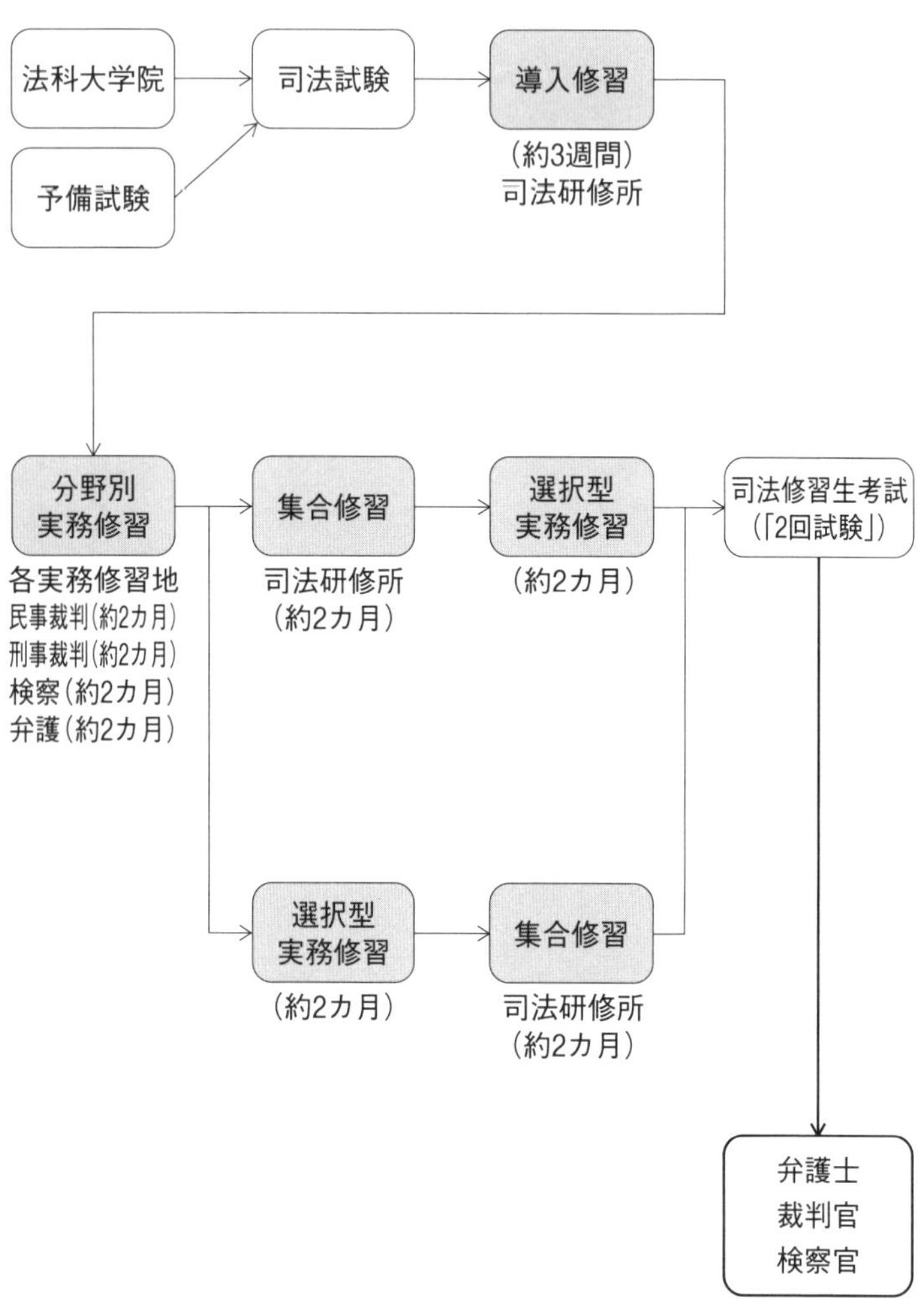
法科大学院
予備試験
司法試験
導入修習
（約3週間）
司法研修所
分野別
実務修習
各実務修習地
民事裁判（約2カ月）
刑事裁判（約2カ月）
検察（約2カ月）
弁護（約2カ月）
集合修習
司法研修所
（約2カ月）
選択型
実務修習
（約2カ月）
司法修習生考試
（「2回試験」）
選択型
実務修習
（約2カ月）
集合修習
司法研修所
（約2カ月）
弁護士
裁判官
検察官

この後、司法修習生は「選択型実務修習」と「集合修習」を2カ月間ずつ受ける。前者では、修習生がみずからの進路や興味、関心に応じて主体的に選択して実務修習を受ける。後者は、民事裁判、刑事裁判、検察、民事弁護、刑事弁護の5科目について行われる。修習生は、実際の事件記録をアレンジした修習記録を使って起案したり、各種演習を行い、それを踏まえて教官から指導を受けたりする。

司法修習が終わると、「2回試験」と呼ばれる司法修習生考試が行われる。大部分の修習生が合格するが、不合格になると、いったん罷免され、1年後に再度試験を受け直すことになる。

司法修習生には、国から修習給付金として月13万5000円が支払われる。また、みずから住むための住宅を借り、家賃を支払っている場合には届け出ることにより住居給付金として月3万5000円が支給される。

同期で深まる絆

司法研修所では、修習生は1クラス70人前後に分けられ、授業を受ける。各クラスには担任教官が5人ずつ配置され、修習生を指導する。「民事弁護」「刑事弁護」を担当する教官は現役の弁護士が務める。

司法研修所には司法修習生寮「いずみ寮」があり、約690人が入居できる。一年間の修習を通じてともに学び、ともに成長することで、弁護士志望者も裁判官志望者も検察官志望者も、まさに「同じ釜の飯を食う仲」になる。このため修習同期生の連帯感が強く、司法修習修了後も情報交換をしたり仕事の悩みを相談したり、つきあいが長く続く同期生も少なくない。

就職

法律事務所に就職して多くを経験しやがて独立の道も

法律事務所への就職

弁護士の就職先としては、弁護士が数百人所属するような大規模事務所、あるいは数人から数十人程度が所属する中小規模の事務所という選択肢がある。大規模事務所では、毎年20〜30人採用するところもある。採用にあたっては、司法試験の成績表の提出を求める事務所も少なくないという。

一方、中小規模の法律事務所への就職を希望する場合は、公募に応じる場合もあるが、大学の先輩や指導教官などの紹介を頼って入所する人も少なくない。勤務弁護士として数年間活動し、それから独立したり、事務所内でパートナーになったりするケースが多いようだ。

事務所に出勤する弁護士　関理秀さん提供

専門分野をしぼって独立も

最近は独立のタイミングが早くなり、3〜5年勤めて独立するケースも増えてきたという。自分の得意分野で活躍したいと思い、たとえば個人情報保護やインターネット、SNS（ソーシャル・ネットワーキング・サービス）のトラブル処理など特定の案件に力を入れるような事務所を設立する場合がある。また、司法修習生時代の同期の友人らと共同で法律事務所を設立する場合もある。

このほか、弁護士活動の多様化にともない、企業、中央省庁、地方公共団体などで働く道が広がっている。最近は特に、法律専門職として企業に就職し、「企業内弁護士」として働くケースが急増している。企業側も採用を望んでおり、こうした弁護士の採用は右肩上がりで増えている。

また、日本司法支援センター（「法テラス」）でも、全国的にスタッフ弁護士が活動している。自分がやりたいことを見定めて進んでいけば、道はどんどん開けていくに違いない。

フローチャート　弁護士

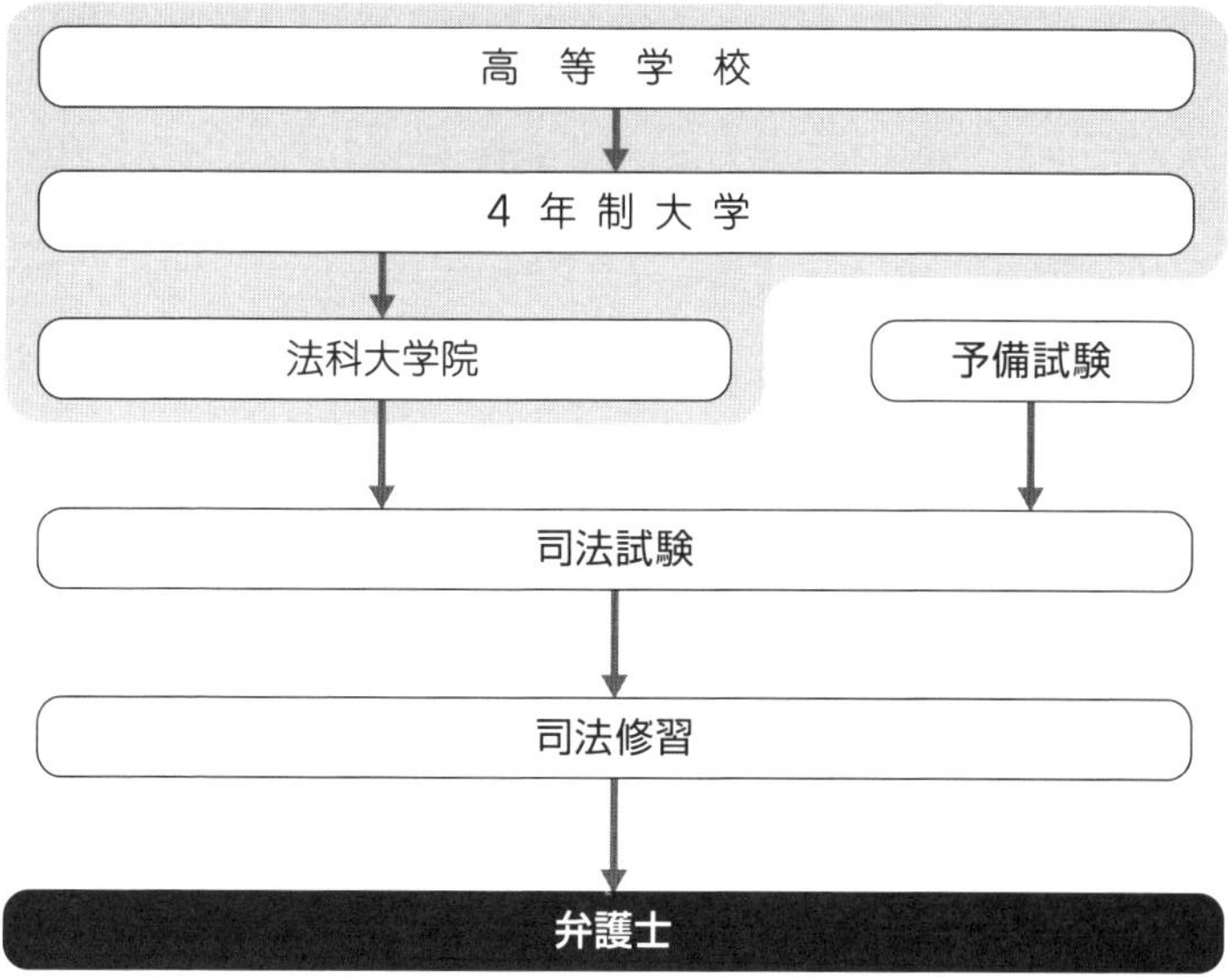

高　等　学　校
↓
4 年 制 大 学
↓
法科大学院　／　予備試験
↓
司法試験
↓
司法修習
↓
弁護士

なるにはブックガイド

『無罪請負人——刑事弁護とは何か？』

弘中惇一郎著
角川新書

カルロス・ゴーン日産前会長の弁護人として話題になり、ロス銃撃疑惑、薬害エイズ事件、厚生労働省郵便不正事件など、マスコミが注目する事件で検察側と対峙し、無罪を勝ち取ってきた著者が、これらの裁判の知られざる内幕をくわしく綴っている。

『雪ぐ人——「冤罪弁護士」今村核の挑戦』

佐々木健一著
新潮文庫

有罪率99.9％のわが国の刑事裁判で14件もの無罪判決を勝ち取った今村核弁護士。その人の半生に密着しながら、無罪獲得にかける弁護士の執念と努力をドキュメンタリー風に描いている。わが国で無罪を勝ち取ることがいかに大変かを納得させるノンフィクション作品である。

『私が弁護士になるまで』
菊間千乃著
文藝春秋

フジテレビのアナウンサーから司法試験に挑戦した菊間千乃さん。最初は会社と法科大学院の二重生活だったが、退社してから勉強に専念。法科大学院卒業後、３度しか受験のチャンスがない制度で、２度目の挑戦で合格できた体験を綴る。

『最後の証人』
柚月裕子著
角川文庫

人気の司法ミステリー小説。検事から弁護士に転身した佐方貞人は、痴情のもつれから女性を殺害した犯人として起訴された男の弁護を頼まれる。ところが、調べていくうちに男女は７年前の交通事故の関係者と判明。佐方は事件の鍵を握る人物を“最後の証人”として出廷を求めるが……。

職業MAP! 興味があるのはどの仕事?

体力勝負!

チームワーク命!

身体を活かす

海上保安官　自衛官
警察官
消防官
宅配便ドライバー
警備員
救急救命士
照明スタッフ
イベントプロデューサー
音響スタッフ

地球の外で働く

宇宙飛行士

飼育員
市場で働く人たち
動物看護師
ホテルマン

乗り物にかかわる

漁師
船長　機関長　航海士
トラック運転手　パイロット
タクシー運転手　客室乗務員
バス運転士　グランドスタッフ
バスガイド　鉄道員

子どもにかかわる

学童保育指導員
保育士
幼稚園教諭
小学校教諭　中学校教諭
高校教諭

人を支える

特別支援学校教諭
養護教諭
手話通訳士
介護福祉士
ホームヘルパー
スクールカウンセラー　ケアマネジャー
臨床心理士　保健師
児童福祉司　社会福祉士
精神保健福祉士　義肢装具士

栄養士
言語聴覚士
視能訓練士　歯科衛生士
臨床検査技師　臨床工学技士
診療放射線技師
理学療法士　作業療法士
助産師　看護師
歯科技工士　薬剤師

日本や世界で働く

地方公務員　国連スタッフ
国家公務員
国際公務員
銀行員

医療品業界で働く人たち
小児科医
獣医師　歯科医師
医師

スポーツ選手 登山ガイド 農業者
冒険家 自然保護レンジャー
青年海外協力隊員
アウトドアで働く
観光ガイド

芸をみがく
ダンサー スタントマン
俳優 声優
お笑いタレント
映画監督
クラウン
マンガ家
カメラマン
フォトグラファー
ミュージシャン

犬の訓練士
ドッグトレーナー
トリマー

笑顔で接客する
料理人 販売員
パン屋さん
ブライダル
コーディネーター
カフェオーナー
美容師 パティシエ バリスタ
理容師 ショコラティエ
花屋さん ネイリスト

自動車整備士
エンジニア
葬儀社スタッフ
納棺師
和楽器奏者

個性重視！

気象予報士
伝統をうけつぐ
花火職人
舞妓
ガラス職人
和菓子職人
畳職人
和裁士

イラストレーター **デザイナー**
おもちゃクリエータ

書店員

人に伝える
塾講師
日本語教師 ライター
絵本作家 アナウンサー
編集者 ジャーナリスト
翻訳家
作家 通訳

政治家
音楽家
宗教家
環境技術者

NPOスタッフ
司書
学芸員
秘書

ひらめきを駆使する
建築家 社会起業家
学術研究者
理系学術研究者
バイオ技術者・研究者

東南アジアの起業家
外交官

法律を活かす
行政書士 **弁護士**
司法書士 税理士
検察官
公認会計士
裁判官

知力を活かす！

［著者紹介］

飯島一孝（いいじま　かずたか）

フリーライター。毎日新聞社で記者として東京本社社会部司法クラブ、外信部、本社編集局編集委員などを務める。著書に『六本木の赤ひげ』（集英社）、『ロシアのマスメディアと権力』（東洋書店）、『検察官になるには』『裁判官になるには』（ぺりかん社）などがある。

弁護士（べんごし）になるには

2021年10月25日　初版第1刷発行
2024年 2月10日　初版第2刷発行

著　者　飯島一孝
発行者　廣嶋武人
発行所　株式会社ぺりかん社
〒113-0033　東京都文京区本郷1-28-36
TEL 03-3814-8515（営業）
03-3814-8732（編集）
http://www.perikansha.co.jp/
印刷所　株式会社太平印刷社
製本所　鶴亀製本株式会社

ISBN978-4-8315-1597-1　Printed in Japan

＊「なるには BOOKS」シリーズは重版の際、最新の情報をもとに、データを更新しています。

【なるにはBOOKS】ラインナップ 税別価格 1170円〜1700円

1——パイロット
2——客室乗務員
3——ファッションデザイナー
4——冒険家
5——美容師・理容師
6——アナウンサー
7——マンガ家
8——船長・機関長
9——映画監督
10——通訳者・通訳ガイド
11——グラフィックデザイナー
12——医師
13——看護師
14——料理人
15——俳優
16——保育士
17——ジャーナリスト
18——エンジニア
19——司書
20——国家公務員
21——弁護士
22——工芸家
23——外交官
24——コンピュータ技術者
25——自動車整備士
26——鉄道員
27——学術研究者(人文・社会科学系)
28——公認会計士
29——小学校教諭
30——音楽家
31——フォトグラファー
32——建築技術者
33——作家
34——管理栄養士・栄養士
35——販売員・ファッションアドバイザー
36——政治家
37——環境専門家
38——印刷技術者
39——美術家
40——弁理士
41——編集者
42——陶芸家
43——秘書
44——商社マン
45——漁師
46——農業者
47——歯科衛生士・歯科技工士
48——警察官
49——伝統芸能家
50——鍼灸師・マッサージ師
51——青年海外協力隊員
52——広告マン
53——声優
54——スタイリスト
55——不動産鑑定士・宅地建物取引士
56——幼稚園教諭
57——ツアーコンダクター
58——薬剤師
59——インテリアコーディネーター
60——スポーツインストラクター
61——社会福祉士・精神保健福祉士
62——中小企業診断士
63——社会保険労務士
64——旅行業務取扱管理者
65——地方公務員
66——特別支援学校教諭
67——理学療法士
68——獣医師
69——インダストリアルデザイナー
70——グリーンコーディネーター
71——映像技術者
72——棋士
73——自然保護レンジャー
74——力士
75——宗教家
76——CGクリエータ
77——サイエンティスト
78——イベントプロデューサー
79——パン屋さん
80——翻訳家
81——臨床心理士
82——モデル
83——国際公務員
84——日本語教師
85——落語家
86——歯科医師
87——ホテルマン
88——消防官
89——中学校・高校教師
90——動物看護師
91——ドッグトレーナー・犬の訓練士
92——動物園飼育員・水族館飼育員
93——フードコーディネーター
94——シナリオライター・放送作家
95——ソムリエ・バーテンダー
96——お笑いタレント
97——作業療法士
98——通関士
99——杜氏
100——介護福祉士
101——ゲームクリエータ
102——マルチメディアクリエータ
103——ウェブクリエータ
104——花屋さん
105——保健師・養護教諭
106——税理士
107——司法書士
108——行政書士
109——宇宙飛行士
110——学芸員
111——アニメクリエータ
112——臨床検査技師
113——言語聴覚士
114——自衛官
115——ダンサー
116——ジョッキー・調教師
117——プロゴルファー
118——カフェオーナー・カフェスタッフ・バリスタ
119——イラストレーター
120——プロサッカー選手
121——海上保安官
122——競輪選手
123——建築家
124——おもちゃクリエータ
125——音響技術者
126——ロボット技術者
127——ブライダルコーディネーター
128——ミュージシャン
129——ケアマネジャー
130——検察官
131——レーシングドライバー
132——裁判官
133——プロ野球選手
134——パティシエ
135——ライター
136——トリマー
137——ネイリスト
138——社会起業家
139——絵本作家
140——銀行員
141——警備員・セキュリティスタッフ
142——観光ガイド
143——理系学術研究者
144——気象予報士・予報官
145——ビルメンテナンススタッフ
146——義肢装具士
147——助産師
148——グランドスタッフ
149——診療放射線技師
150——視能訓練士
151——バイオ技術者・研究者
152——救急救命士
153——臨床工学技士
154——講談師・浪曲師
155——AIエンジニア
156——アプリケーションエンジニア
157——土木技術者
158——化学技術者・研究者
159——航空宇宙エンジニア
160——医療事務スタッフ
161——航空整備士
162——特殊効果技術者
補巻24 福祉業界で働く
補巻25 教育業界で働く
補巻26 ゲーム業界で働く
補巻27 アニメ業界で働く
補巻28 港で働く
別巻 レポート・論文作成ガイド
別巻 中高生からの防犯
別巻 会社で働く
別巻 大人になる前に知る 老いと死
別巻 中高生の防災ブック
高校調べ 総合学科高校
高校調べ 農業科高校
高校調べ 商業科高校
教科と仕事 英語の時間
教科と仕事 国語の時間
教科と仕事 数学の時間
学部調べ 理学部・理工学部
学部調べ 社会学部・観光学部
学部調べ 工学部
学部調べ 外国語学部
学部調べ 環境学部
学部調べ 国際学部
学部調べ 経済学部
学部調べ 人間科学部
学部調べ 情報学部
——以降続刊——

※一部品切・改訂中です。 2023.12.

なるにはBOOKS
132

裁判官になるには

飯島一孝 著
最高裁判所 協力

ぺりかん社